Das Tibet-Kochbuch

TRADITIONELLE REZEPTE AUS DEM HIMALAYA

JULIE KLEEMAN
YESHI JAMPA

riva

Inhalt

Khawa Karpo, tibetischer heiliger Berg im Schneegebirge.

Einleitung

»Essen zu bringen, ist eine der Wurzeln, auf denen alle Beziehungen beruhen.«

Seine Heiligkeit der 14. Dalai Lama, *Das Buch der Freiheit*

Unsere Geschichte

Seit wir zusammen sind, träumen Yeshi und ich davon, Tibet auf die Landkarte der Speisen zu setzen.

Wir sind uns 2009 in Dharamsala (Nordindien) begegnet. Yeshi, ein Tibeter, der in der berühmten Bergstadt studierte, und ich, eine Touristin, die einem Arbeitsaufenthalt in Indien eine einwöchige Auszeit folgen ließ. Zum ersten Mal liefen wir uns auf einem Gebirgspfad über den Weg, als wir beide dort die Schneeaffen fotografierten, und später an jenem Abend lud Yeshi mich zum Essen in seine kleine Betonbehausung ein, die er sich mit einem Freund teilte.

Und dort begann unsere kulinarische Reise. Yeshi hatte bei sich keine Spüle und keinen Wasserkocher. In einer Ecke des Zimmers war seine Küche: Sie bestand lediglich aus einem Gaskocher mit zwei Flammen, der aus einer großen Gasflasche befeuert wurde. Später erfuhr ich, dass man die leere Gasflasche nur einmal in der Woche gegen eine volle tauschen konnte, wenn bei Tagesanbruch die Lieferungen auf dem Hauptplatz des Ortes eintrafen. Dharamsala ist eine Kleinstadt im Gebirge, und man musste die Gasflasche mitten in der Nacht über viele Treppen hinauf- und hinabtragen; dann stand man stundenlang in der Schlange und wartete auf den Lkw. War man zu spät, und die frischen Gasflaschen waren schon vergeben, so hieß das: Für eine Woche bleibt die Küche kalt.

Das klingt vielleicht nicht nach einem Ambiente für ein gastronomisches Erlebnis, doch dieses schlichte Mahl sollte mein Verständnis von tibetischem Essen bestimmen. Der springende Punkt ist: Es kann überall zubereitet werden! Das erste Gericht, das Yeshi je für mich kochte, war *Thenthuk* oder Suppe mit handgezogenen Nudeln. Diese milde herzhafte Brühe trieb mir die Novemberkälte aus den Knochen, und bei den einzigartigen Aromen war es um mich geschehen.

Ein paar Jahre vorgespult: Yeshi und ich sind heute verheiratet, haben zwei kleine Kinder und leben in Oxford (Großbritannien). Zusammen führen wir Taste Tibet, ein Restaurant mit Shop und Festival-Essensstand, und Jahr für Jahr

Links: Yeshis Ortschaft in Osttibet.
Rechts: Yeshi und Julie vor dem Restaurant Taste Tibet.

werden mehrere Zehntausend Menschen beköstigt. Nicht ich bin die Köchin! Yeshi bringt die meisten Speisen an den Tisch unserer Familie, und er ist bei Taste Tibet Chefkoch und führender Rezeptentwickler.

Meine eigene Liaison mit asiatischen Aromen begann, bevor ich zum ersten Mal tibetisches Essen erlebte. 1992 unternahm ich als ziemlich unbedarfte und leicht zu beeindruckende Siebzehnjährige meine erste Reise nach Asien. Meine Schwester hatte ein Jahr als Englischlehrerin in China verbracht und nahm mich auf eine fünfwöchige Reise in alle Ecken des Landes mit. Tibet kamen wir dabei in Chengdu, der Hauptstadt der südwest-chinesischen Provinz Szechuan, am nächsten. Früher gehörte ein großer Teil von West-Szechuan zu Tibet, doch diese Region wurde nach der Annexion Tibets durch die Chinesen in den 1950er-Jahren dem Hauptland China einverleibt.

Heute ist Chengdu ein wichtiges Zentrum für Tibeter aus der ganzen Region. Sie kommen für medizinische Versorgung, zum Studieren und um Arbeit zu finden. Man sagt, die hiesigen tibetischen Restaurants seien besser als die in Tibets Hauptstadt Lhasa, aber 1992 war das tibetische Viertel noch nicht so weit wie heute. Wir entdeckten tibetische Statuen und Ritualgegenstände und bestaunten Mönche in ihren kastanienbraunen Roben, doch hinter ihnen die Eingänge zu den Teehäusern zu durchschreiten erschien uns zu aufdringlich, daher gelang es uns bei diesem ersten Besuch nicht, tibetisches Essen zu kosten.

Ich war völlig gebannt von China und den Speisen, die wir auf unseren Reisen aßen, sogar obwohl viele der erhältlichen Gerichte zwar verlockend nah, aber doch unerreichbar waren, denn es gab keine Speisekarten auf Englisch. Meine Schwester sprach ein klein wenig Chinesisch, genug, um uns bei nahezu jeder Mahlzeit dieselben wenigen Gerichte zu bestellen. Ab und zu gab es eine herausragende Abwechslung, wenn wir in einem Restaurant landeten, wo man uns – zufällig – etwas gänzlich Neues und Großartiges servierte. Es ist nicht ungewöhnlich in China, dass Restaurants nur eine einzige Spezialität anbieten, und so kam ich zum ersten Mal in den Genuss des Szechuan-Hotpots: Lotuswurzel in die scharfe Brühe zu tunken war geradezu eine Offenbarung, was Textur und Geschmack betrifft.

Achtzehn Monate später unternahm ich meine nächste Reise nach China. Dieses Mal blieb ich mehrere Wochen in einigen wunderschönen Gegenden Tibets, die sich dem Tourismus gerade

Yaks vor dem Yakhaarzelt der Familie.

erst geöffnet hatten. Ich reiste durch Täler umgeben von schneebedeckten Gebirgen, in unberührte Wälder und an klare Kalksteinseen, die golden schimmerten. Ich aß und trank jedoch das Falsche. Die Speisekarten für Touristen mit ihren sehr zahlreichen »Yak-Burgern« waren keine gute Werbung für tibetisches Essen, und frischen Speisen begegnete man nur selten, denn effiziente Kühlsysteme waren noch nicht in diese Teile des Landes vorgedrungen. Der härteste Brocken war der allgegenwärtige Yakbuttertee. Er schmeckte regelrecht verdorben, da die Butter eindeutig ranzig war.

Die Erfahrung, in den ziemlich rauen, frühen Tagen des unabhängigen Tourismus im Lande durch China zu reisen, holte mich aus meiner Komfortzone und erweiterte meinen Horizont. Ich kehrte nach Großbritannien zurück und nahm einen Abschluss in Chinesisch in Angriff. Dieser Schritt stieß in meiner Umgebung nicht bei allen auf Verständnis oder Unterstützung, denn China hatte sich noch nicht den Status einer Wirtschaftsmacht erworben. Die Entscheidung war aus Liebe zur Sprache und aus Abenteuerlust geboren, und quasi nebenbei hat sie mir dazu verholfen, dass ich auf den folgenden Reisen viel besser aß. Als ich 2006 beruflich nach Beijing zog, musste ich nicht mehr auf das, was ich essen wollte, zeigen oder es pantomimisch darstellen.

Yeshis Bruder Lhundup bereitet die besondere Fleischklößchensuppe der Familie zu (Rezept auf Seite 131).

Im Laufe der gut zwanzig Jahre, die ich in China gereist bin, studiert und gelebt habe, war ich oft in der Region Tibet. Doch da ich keinerlei familiäre Verbindungen zu diesem Ort hatte, aß ich nicht besonders gut, und wenn ich Yeshi nicht getroffen hätte, wäre ich mit einem recht traurigen Eindruck von tibetischem Essen wieder gegangen.

Yeshi hat zu Hause in Osttibet in einem Zelt auf den Weideflächen der Hochebene kochen gelernt. Andere Geschwister besuchten in einem Dorf in der Nähe die Schule, er beschloss jedoch, lieber mit den nomadischen Hirten seiner Familie und ihrem Vieh ins Gebirge zu gehen. Die Hälfte des Jahres begleiteten sie ihre Tiere auf den Weideflächen des Hochlands. Die Hirten schliefen und aßen in einem Zelt aus Yakhaar, kochten darin ihre wärmenden Suppen und Eintöpfe und auch die handgezogenen Nudeln in Brühe, die er später in jenem einfachen Zimmer in Indien für mich zubereitete.

Als Yeshi neunzehn Jahre alt war, durchquerte er mit seinem jüngeren Bruder Yonten zu Fuß den Himalaya. Dieses Unterfangen dauerte vierundzwanzig Tage, zuweilen im Schutz der Dunkelheit. Yeshi hatte eigentlich nur so lange fortbleiben wollen, bis er Yonten geholfen hätte, zu ihrem älteren Bruder Nyima ins buddhistische Kloster Gaden Shartse in Mundgod (Südindien) zu gelangen, aber am Ende meldete er sich an einer karitativen Schule in Dharamsala an. Dort lernte er zum ersten Mal, Tibetisch zu lesen und zu schreiben, und erwarb auch Grundkenntnisse in Englisch.

In dieser Zeit ging ihm die romantische Seite des Kochens für eine Weile verloren, und Kochen war bloß ein Mittel zum Überleben. Den Rest seiner Familie hatte er zurückgelassen, und er musste allein zurechtkommen, ohne all die Zutaten und Utensilien, die ihm vertraut waren.

Nach vier Jahren an der Schule stieß Yeshi zu seinen Brüdern in Mundgod. Das Klima hätte dort nicht unterschiedlicher sein können, und ihm erschlossen sich neue Welten des Essens. Nyima war mittlerweile Chefkoch des Klosters und beaufsichtigte die Mahlzeiten für etwa 5000 Mönche, dreimal am Tag. Yeshi und Nyima stammen von einer langen Reihe begeisterter Köche ab, die für ihr Können berühmt sind. Auch heute wendet man sich im Heimatdorf bei Hochzeiten an Yeshis Familie, damit sie den Löwenanteil des gesamten Caterings übernimmt.

In den ersten fünf Jahren, die Yeshi mit seinen Brüdern in der Klosteranlage in Mundgod lebte, kochte auch er sehr viel. Er kümmerte sich um einen betagten Verwandten, ebenfalls Mönch in Gaden Shartse, und das Essen war wohl der wichtigste Teil seiner Pflichten: Den »Großvater« mit nahrhaften Mahlzeiten aus Zutaten versorgen, die oft neu für ihn waren, war täglich eine Herausforderung, die Yeshi Vergnügen bereitete. Er ließ sich von seinem Bruder in den Klosterküchen inspirieren, und die Freude am Kochen stellte sich wieder ein.

Als Yeshi und ich uns 2009 begegneten, beherrschte er ein recht großes Repertoire an Gerichten; nichts war schriftlich festgehalten. Er kochte instinktiv und mit dem, was gerade zur Verfügung stand. Nyima – der mittlerweile in New York lebte – hatte Vorbehalte gegen unsere Beziehung und sah im Essen die ultimative Hürde für ihr Gelingen: Wie könnte eine westliche Frau sich an die tibetische Ernährung anpassen und umgekehrt? Doch ich mochte alles, was Yeshi kochte, nur allzu gern, und nach unserer Heirat im Jahr 2011 wurde tibetisches Essen schnell zu einer persönlichen Leidenschaft von mir.

Als unser Sohn Lobsang klein war, war Yeshi entsetzt über die große Menge an Milchpulver- und Fertigprodukten für Babys in den Supermarktregalen. In der tibetischen Wahrnehmung sinkt der Nährwert von Gemüse ab dem Moment des Erntens, daher können Sie verstehen, warum Yeshi Fertigkost für Babys ablehnte und darauf bestand, Obst und Gemüse selbst anzubauen und zuzubereiten. Er brachte Stunden mit der Pflege unseres Schrebergartens zu, während unser Sohn schlief. Verwandte aus Tibet schickten uns Päckchen mit Saatgut für vielerlei Gemüse wie Pak Choi, die die Gärtner aus den benachbarten Parzellen begeisterten. Unser Schrebergarten ist keine Augenweide (Yeshi beschreibt ihn mit »Nomadenstil«), doch um den Ertrag könnte man uns beneiden.

2014 kam unsere Tochter Choenyi dazu, und die Familie war komplett. Instinktiv liebten beide Kinder das frische Essen, das wir für sie kochten, sogar, als sie Fischstäbchen und Bohnen in Tomatensoße entdeckt hatten. Für mich war und ist es faszinierend, mitzuerleben, wie sie mit selbst gekochter tibetischer Kost gedeihen. Und Yeshi liebt es, unseren Tisch mit tibetischem Geschmack und Aroma zu füllen; es trägt und freut ihn, dass sie so herzlich angenommen werden, auch wenn wir so weit weg von seinem Heimatland sind.

Die Vertrautheit der Kinder mit dem Essen, mit Texturen und Geschmack und den tibetischen Bezeichnungen für wenigstens einige der Speisen hat noch etwas Gutes, es hat nämlich tatsächlich geholfen, als wir das Glück hatten, die Verwandtschaft in Tibet zu besuchen. Die Zeit, die wir dort verbrachten, hat über die Jahre mein Interesse für die tibetische Küche vertieft: Sie in ihrer Heimatumgebung zu schmecken, wo das Essen mit den Jahreszeiten so verwurzelt und jede Mahlzeit eine Zusammenkunft der ganzen Familie ist, hat mich meine eigene Beziehung zum Essen und die Rolle, die es in meinem Leben spielt, neu ausloten lassen.

Was bei den tibetischen Mahlzeiten mit am meisten beeindruckt, ist der gemeinschaftliche Charakter. Das Essen wird von mehreren Menschen zubereitet und in großen Familiengruppen verzehrt – das hat das Eis gebrochen, als ich meine Schwiegereltern in Tibet zum ersten Mal traf. Eine gemeinsame Sprache hatten wir nicht, doch wir konnten immerhin in der Küche miteinander arbeiten und die Früchte unserer Arbeit genießen. Essen ist etwas, das alle Menschen verbindet, es baut Barrieren ab, das haben wir selbst erlebt in der ganzen Zeit, seit wir Taste Tibet führen.

Links: Die erste Familienreise nach Tibet im Jahr 2016. Rechts: Familientreffen, 2018.

Was ist tibetisches Essen?

Außerhalb von Tibet ist die Vorstellung von tibetischem Essen als eigenständige Küche eindeutig noch im Entstehen. Wir staunen im Restaurant immer, wie viele Menschen unser Essen als nepalesisch bezeichnen, obwohl sie es seit Jahren unter dem Schriftzug von Taste Tibet verspeisen.

Auf den ersten Blick sieht tibetisches Essen dem chinesischen sehr ähnlich. Nudeln, Teigtaschen und kleine Teller sind auffallende typische Merkmale der Küche. Heute essen viele Tibeter mit Stäbchen, doch das ist ein recht neuer Kulturimport. Löffel sind noch immer das bevorzugte Utensil, geht es jedoch um den Verzehr von Momos (tibetische Teigtaschen) und Brot, sind es die Hände, im Gegensatz zu China, wo sehr selten so gegessen wird, und ich selbst habe über den virtuosen Gebrauch von Essstäbchen für Hähnchenschenkel und sogar Maiskolben oft ehrfürchtig gestaunt.

Es stimmt, die geschmacklich typischsten Dinge der tibetischen Küche haben mehr Gemeinsamkeiten mit dem Essen in Bhutan oder in Nepal, auch mit dem in Teilen von Nordindien wie Sikkim, Ladakh und Lahaul. Szechuanpfefferkörner (in Tibet heißen sie *Yerma*), Kurkuma und Kreuzkümmel werden in der tibetischen Küche großzügig verwendet, außerdem viele Würzaromen wie Ingwer, Knoblauch und Koriander. Ein Unterscheidungsmerkmal der tibetischen Ernährung ist, dass vieles auf Gerste oder Weizen basiert – die, anders als Reis, in großer Höhe gut gedeihen – und Brot oft die Hauptmahlzeiten begleitet. Auch Milchprodukte gibt es viele, und dieses Lebensmittel fehlt in der traditionellen chinesischen Ernährung weitgehend.

Essen ist ein wunderbarer Einstieg für Gespräche über das Leben und die Familie zu Hause in Tibet; man bringt die Kinder darüber mit Yeshis Kultur in Verbindung. Es hilft, ein Gefühl für die Identität über das Vater-Sein hinaus aufzubauen, gibt Aufschluss über seine Werte und Ansichten, und ist ein Grundkurs in tibetischer Geschichte.

Herzhafte Suppen, Eintöpfe und Brühen sind ebenfalls ein fester Bestandteil: In einer so unwirtlichen Umgebung haben Hände und Bäuche natürlicherweise stets Bedarf an wärmenden Speisen mit hohem Energiegehalt.

Nahrung als Medizin

Der tibetische Arzt und Gelehrte aus dem 12. Jahrhundert Yuthok Yönten Gönpo beschrieb es so: »Eine gesunde Ernährung hilft, unseren Körper und unser Leben zu erhalten, eine ungesunde Ernährung hingegen kann Krankheit verursachen und uns das Leben nehmen.« Die tibetische Medizin legt, ganz ähnlich wie die ayurvedische und die traditionelle chinesische Medizin, den Schwerpunkt auf eine gesunde Ernährung. Sie geht davon aus, dass jeder Mensch eine eigene einzigartige Konstitution und Disposition besitzt, jeweils mit eigenen Bedürfnissen. Somit bedeutet, den Körper in Balance zu halten, weder, sich streng an eine Standardernährungsweise zu halten, noch, einsam und meditierend in den Wäldern zu leben. Wir alle kennen unseren eigenen Körper und den Geist am besten und sollten unsere Art, zu leben und zu essen, entsprechend anpassen.

Es gibt jedoch ein paar Grundprinzipien. Der Zugang zu Krankenhäusern oder westlicher Medizin war für die Menschen Tibets nicht so einfach, und so wurden sie zu Experten der Heilkunst, indem sie die Wirkkraft spezieller Nahrungsmittel und Getränke zur Behandlung

Bedingt durch Tibets Geografie und die relative Abgeschiedenheit, haben die Menschen stets das gegessen, was vor Ort zu bekommen war und gerade Saison hatte. Im Laufe der Zeit haben sie verstanden, welche Eigenschaften den Kräutern, dem Gemüse und dem Fleisch innewohnen, die sie zu sich nehmen.

verschiedener Beschwerden ermittelten. Dieses Wissen wurde über die Zeiten und Orte und von Generation zu Generation weitergegeben. Sogenannte »heiße Nahrungsmittel« (zum Beispiel Butter oder Knoblauch) erzeugen Hitze, wenn der Körper kalt ist, »kühlende Nahrungsmittel« (wie Joghurt oder Spinat) reinigen den Körper, und »neutrale Nahrungsmittel« (wie Kartoffeln oder Pilze) halten den Körper in Balance. All diese Nahrungsmittel sind in den verschiedenen Gerichten in jedem gemeinsam genossenen Mahl normalerweise enthalten, sodass die Ernährungsbedürfnisse in ihrer ganzen Bandbreite gestillt werden können. Das Ergebnis ist eine Ernährung, die nicht die eine Nahrungsmittelgruppe vorzieht und dafür eine andere ausschließt oder sich am Protein- oder Kohlenhydratgehalt einer Mahlzeit orientiert, sondern stattdessen für alle etwas bietet.

Links: Auf dem Dach eines Nachbarhauses wird Wacholder verbrannt – ein tägliches Opferritual in Yeshis Heimatort.
Mitte: Yeshis Schwester Dolma erntet frisches Gemüse.

Selten werden Sie in tibetischem Essen auf Zusatzstoffe stoßen. Der Geschmacksverstärker MNG (Mononatriumglutamat) kommt neben vielen Importen aus China allmählich ins Land, doch die Menschen in Tibet kochen lieber mit Zutaten, die vor Ort erzeugt wurden. Das gilt auch für die Gewürze. Die Gegend um Yeshis Ortschaft in Osttibet ist wegen ihrer natürlichen Salzpfannen bekannt: Flache Becken, in denen Salzwasser aufgefangen wird und Sonne und Wind das meiste Wasser verdunsten lassen. Jahrhundertelang war die Salzgewinnung die Stütze der dortigen Wirtschaft, und viele von Yeshis Freunden und Verwandten sind auf die ein oder andere Art und Weise in dieser Branche tätig. Sie alle können das feinste Salz verwenden, das man überhaupt finden kann – sogar noch reiner als das Himalaya-Salz, das heutzutage im Westen so beliebt ist (und zumeist aus Pakistan stammt) – und das eine Fülle von Mineralstoffen und Spurenelementen enthält; mehr Würze braucht man nicht.

Wenn Sie gern scharf essen, möchten Sie Ihr Schüsselchen vielleicht mit etwas Chili aufputschen. Der scharfe Chili-Dip *Sepen* steht auf dem tibetischen Esstisch immer bereit. Es gibt ihn in vielen Formen, und jede Familie hat ihr eigenes bestes Rezept. Eine Grundzutat ist *Yerma* (Szechuanpfefferkörner) mit seinem ureigenen Geschmack, der auf der Zunge prickelt, und dem Duft nach Holz. Wir empfehlen, zuerst eine Portion Taste Tibet-*Sepen* (Seite 188) zuzubereiten, bevor Sie irgendetwas anderes aus diesem Buch ausprobieren: Es hält sich im Kühlschrank gut und ist ein hervorragender Begleiter für die meisten Gerichte – es unterstreicht ihre natürlichen Aromen, ohne sie zu überdecken.

Essen im tibetischen Alltag

Tibet ist riesig: Es umfasst eine Fläche von knapp 2,6 Millionen Quadratkilometern und ist damit etwa so groß wie Westeuropa oder größer als Alaska und Kalifornien zusammen. Der Alltag der Menschen einschließlich der Traditionen rund um Essen und Trinken gestaltet sich von einem Ende zum anderen, von einem Gipfel zum anderen sehr vielfältig.

Wenn Sie eines über Tibet wissen, dann bestimmt, dass hier der höchste Berg der Welt steht. Den Mount Everest teilen sich Tibet und Nepal. Die tibetische Hochebene liegt durchschnittlich auf 4500 Metern Höhe, und fünf der vierzehn höchsten Gipfel der Welt findet man hier. Seit über

In Tibet gibt es mehr Yaks als Menschen. Sie liefern alles, was für menschliches Leben auf der Hochebene elementar ist.

8000 Jahren hüten tibetische Nomaden, oder *Drokpa*, Vieh auf ausgedehnten hochgelegenen Weiden. Sie erschufen eine einmalige Nomadenkultur und tragen zu einer bemerkenswerten Zivilisation bei, die vor ungefähr 1200 Jahren das mächtigste Reich in Asien war. Bis vor nicht allzu langer Zeit bildeten die *Drokpa* bis zu 40 Prozent der tibetischen Bevölkerung. Männer und Frauen haben jeweils ihre Rolle, und es gibt wenig Arbeitsteilung. Auch Kinder haben ihre Aufgaben, zum Beispiel das Vieh hüten und füttern. Die Welt der *Drokpa* folgt einem ganz bestimmten Rhythmus. Das Leben der Nomaden ist präzise abgestimmt auf den Wuchs der Weiden, die Geburt der Tiere und die Wanderung ihrer Herden im Wechsel der Jahreszeiten. Sie bleiben den ganzen Tag draußen in der Wildnis, ohne Schutz vor Wind und Regen, und wie viele Menschen, die eng mit der Natur leben, haben sie eine enge Verbindung zum Land und den Tieren entwickelt, die sie ernähren.

Die höchsten Weiden der Welt findet man im tibetischen Weidegebiet, das zum größten Teil auf über 4000 Meter Höhe liegt. Manche Nomaden unterhalten feste Lager auf Höhen um 5000 Meter. Schneestürme sogar im Sommer sind hier normal. Im Laufe von Jahrtausenden durchstreiften wildlebende Tiere wie Tibetantilope, Wildyak, Wildesel und Gazelle sowie Blauschafe, der scheue Schneeleopard und mehrere Hirscharten diese hohen Weideflächen; auch kleine Säugetiere wie Pikas, Wühlmäuse und Murmeltiere haben die Vegetation beeinflusst. Die so entstandenen Graslandflächen mögen hinsichtlich Artenvielfalt und Ertrag begrenzt sein, doch die Pflanzen, die unter diesen Gegebenheiten gedeihen, sind sehr proteinhaltig und ergeben nahrhaftes Futter.

Alle *Drokpa* halten draußen in der Hochebene die gleichen Tiere: Yaks, Kreuzungen aus Yak und Rind, Schafe, Ziegen und Pferde. Diese Tiere können mit ihren im Verhältnis größeren Lungen in der dünnen Luft dieser Höhen überleben. Die *Drokpa* bringen die Tiere von einem Ort zum anderen und tauschen ihre Produkte gegen Getreide von landwirtschaftlich arbeitenden Gemeinschaften in tieferen Lagen ein. Der größte Teil der Hochebene ist zu kalt und arid für die Landwirtschaft, eine Ausnahme jedoch bildet Gerste. Diese Feldfrucht ist wahrscheinlich entscheidend dafür gewesen, dass die Menschen sich hier niederlassen konnten, und noch heute ist Gerste das wichtigste Grundnahrungsmittel in der tibetischen Ernährung. Die meisten Menschen verzehren die gemahlene geröstete Gerste, *Tsampa*, täglich, Nomaden bis zu dreimal am Tag. Zu kompakten »Energiebällchen« gerollt, hält sie die Menschen auf langen und beschwerlichen Märschen im Gebirge bei Kräften. Gerste ist auch für Babys die erste Nahrung: Die engagierten Eltern füttern die Kleinen schon im Alter von wenigen Tagen mit einer flüssigen Form von *Tsampa* (Yeshi staunte, als er erfuhr, dass Babys im Westen im Allgemeinen erst mit sechs Monaten an feste Nahrung herangeführt werden).

Der andere Schlüssel zum Überleben des Menschen in einer so unwirtlichen Umgebung ist das Yak. Früher waren männliche Yaks Lasttiere. Sie trugen Wolle, Salz, Tee und andere Waren nach Indien, Nepal und China und brachten Baumwolle, Seide, Glas und andere Güter nach Tibet. Die weiblichen Yaks, oder *Dhri*, ergänzen die Ernährung um wertvolle Milchprodukte. *Drokpa*-Familien melken

Unser Neffe Jamyang hütet die Ziegen der Familie.

Links: Junges Yak im Lager der Familie.

Rechts: Yeshis älterer Vater Kelsang geht die Tiere füttern.

den Sommer über ihre *Dhri* und stellen Butter und Käse her, die sie teilweise gegen andere einheimische Produkte eintauschen, das meiste wird jedoch zum eigenen Verbrauch in den Wintermonaten aufbewahrt. Yakmilch hat etwa doppelt so viel Fett wie Kuhmilch. Ein beträchtlicher Anteil davon ist eine Fettsäure, die, wie sich herausgestellt hat, die Knochenmineralisation verbessert und zudem Eigenschaften aufweist, die der Tumorbildung und der Entstehung von Diabetes entgegenwirken. Obwohl die tibetischen Nomaden viele Yak-Produkte verzehren, sind übergewichtige Menschen ein ungewöhnlicher Anblick, und Krebs und Diabetes treten glücklicherweise selten auf.

Etwas differenzierter ist die Situation beim Yakfleisch. Die Menschen in Tibet leben seit jeher in Gemeinschaft mit ihrem Vieh, und das Leid der Tiere erachten sie als vergleichbar mit dem Leid der Menschen. Als Buddhisten glauben sie auch an die Reinkarnation, und dabei kann es möglich sein, dass ein Mensch als anderes Geschöpf wiedergeboren wird und umgekehrt. Folglich ist denkbar, dass ein Tier, das man für das Abendessen schlachtet, in einem früheren Leben einmal die eigene Mutter war.

Während jedoch der Buddha und andere frühe Meister der buddhistischen Praxis für eine Ernährung eintraten, die frei von Leid war, so ist in den buddhistischen Lehren der Verzehr von Fleisch nicht ausdrücklich verboten. Mönchen ist das Töten verboten, und für sie ist das Töten eines Tieres zum Zwecke des Verzehrs folglich tabu – allerdings darf ein Mönch vom Fleisch eines Tieres essen, das jemand anders getötet hat, sofern der Metzger im Moment des Schlachtens nicht speziell an den Mönch denkt. Ein Tier zu finden, das eines natürlichen Todes gestorben ist, stellt für Tibeter die »annehmbarste« Art des Fleischverzehrs dar. Das Yak, das mehr Münder sättigt als die kleineren Ziegen, Schafe, Schweine und Hühner, erscheint in diesem Kontext als die beste Möglichkeit. Wenn ein Tier auf das Ende seines nützlichen Lebens zugeht (normalerweise nach 20 bis 25 Jahren), wird es geschlachtet, bevor Alter oder Krankheit es übermannen.

Dies geschieht im Spätherbst, damit das Fleisch des Yaks konserviert werden kann. Das Fleisch ähnelt magerem Rind- oder Büffelfleisch, hat aber weniger gesättigtes Fett. Es wird mit Salz und Szechuanpfefferkörnern gepökelt. Nachdem es ein paar Tage zum Trocknen in der Sonne gehangen hat, wird es in Beuteln verstaut und kann in den langen Wintermonaten roh als Snack oder in Suppen und Eintöpfen verzehrt werden.

Alles, was das Yak produziert, wird sinnvoll verwertet. Yakbutter gibt man in Buttertee und *Tsampa*, nutzt sie aber auch als Brennstoff in Lampen und zur Hautpflege. Yakhaut wird zu Stiefeln, Gürteln, Schürzen, Satteltaschen und den Coracles (Rundboote) verarbeitet, in denen man schwere Fracht über die zahlreichen Flüsse Tibets befördert. Aus Yakknochen schnitzt man Kämme und Knöpfe, Yakdung wird in Gegenden als Brennstoff verwendet, in denen Holz knapp und zu kostbar zum Verbrennen ist. Mit Yakschwänzen wird abgestaubt, und das lange, grobe Yakhaar wird zu Seilen, Säcken und Regenkleidung verarbeitet; auch die Zelte der Nomadenfamilien sind aus Yakhaar. Sie halten den Regen ab und lassen das Licht hinein, dennoch sind sie robust genug, um den heftigsten winterlichen Schneestürmen zu trotzen.

Da ein Yak für so vieles in seinem Leben sorgen kann, erscheint das Opfer dieses einen Lebens vertretbar, besonders im Vergleich zur Anzahl der Einzelleben, die beim Verspeisen von Hühnern und Fischen gelassen werden. In den Seen und Flüssen Tibets gibt es zwar reichlich Fisch (auf der Hochebene sind über 150 unterschiedliche Arten gefunden worden), doch man betrachtet sie nur selten als Nahrungsmittel. Das Goldfischpaar ist eines der Acht Glückssymbole im tibetischen Buddhismus und symbolisiert Genesung, ewiges Leben und Wiedergeburt. Zum Teil deswegen ist der Genuss von Fischen für viele Menschen ein Tabu; verstärkt wird dies durch den gelegentlich praktizierten Brauch der Wasserbestattung. Der verstorbene Mensch wird auf ein Holzfloß gelegt und treibt frei flussabwärts. Da man davon ausgeht, dass der Körper wahrscheinlich von Fischen gefressen wird, sehen die Menschen Tibets im Verzehr von Fisch das Verspeisen von ihresgleichen.

Fütterung der Kühe im Hinterhof.

Kulinarische und kulturelle Landschaften im Wandel

Das Alltagsleben von Yeshis Familie ist dem ihrer Vorfahren recht ähnlich geblieben. Ein paar moderne Annehmlichkeiten mögen Einzug gehalten haben – Elektrizität, Mobiltelefone –, aber die Speisen auf ihren Tellern sind mehr oder weniger dieselben geblieben. Einer der Gründe ist, dass sie auf einer relativ geringen Meereshöhe leben und daher in jedem Jahr zwei Wachstumsperioden haben. Mit einer solchen Fülle an Obst und Gemüse (vieles davon wächst wild und wird nicht angebaut) muss man nicht weit vorausplanen, doch die Familie verkauft einiges von ihren Erzeugnissen in benachbarten Dörfern und Städten. Walnüsse und Obst werden gegen Blatt- oder Wurzelgemüse eingetauscht, oftmals gegen andere Sorten, die anderenorts gut gedeihen. Auch Saatgut wird getauscht, sodass alle versuchen können, verschiedene Feldfrüchte auch auf dem eigenen Land anzubauen. Zuweilen ist auch Bargeld involviert. Damit können dann Tee, Pflanzenöl oder Reis gekauft werden, doch solche Transaktionen sind nicht der Normalfall.

In größeren Höhen ist nicht viel Ackerbau möglich. Robustes Blattgemüse wie Senf und Kohl kann angebaut werden, auch einige Wurzelgemüse wie Karotten, Daikonrettich und Kartoffeln, doch traditionell war die Vielfalt gering. In den letzten Jahren kommt nun mit zunehmender chinesischer Geschäftstätigkeit innerhalb Tibets allmählich eine breitere Nahrungsmittelpalette ins Land, und die Tibeterinnen und Tibeter kaufen in einer Art und Weise ein, wie sie es zuvor nie getan haben. Gewächshäuser „Made in China" bieten zudem die Möglichkeit, Nahrungspflanzen selbst anzubauen, und in manchen Gegenden bildet sich eine neue Form der Existenz heraus; Einheimische sind zunehmend in der Lage, sich und andere mit frischen Lebensmitteln zu versorgen, manchmal sogar gewerblich.

Ein Grundsatz der tibetischen Medizin lautet nun, Gemüse müsse in seinem natürlichen Lebensraum angebaut werden, damit es genug Kraft besitzt, um uns zu stärken und von Krankheit zu heilen. So sollte warmes Gemüse an einem warmen Ort angebaut werden und kaltes Gemüse unter geeigneten kalten Bedingungen. Es gab daher viel Widerstand gegen diese Art des Anbaus und die Vermarktung der Produkte, und nicht alle Verbraucherinnen und Verbraucher schließen sich dem an. Als kürzlich eine neue Straße durch Yeshis Dorf gebaut wurde, kamen Händler mit allerlei Verlockungen herbei, aber seine Familie kauft bis jetzt noch nichts bei ihnen.

Und es gibt noch eine Herausforderung. In manchen Teilen Tibets (diese Veränderung hat Yeshis Dorf allerdings noch nicht erreicht) werden die Nomaden zunehmend in Städte »umgesiedelt«, die weit von dem Land und dem

Tibeterinnen und Tibeter sind im Grunde Pioniere dessen, was man heute »bewussten Konsum« nennt. Wenn das geschlachtete Tier ganz und gar verarbeitet wird und die Menschen Erzeugnisse tragen und essen, die lokal erzeugt und minimal verpackt sind sowie oft von Lasttieren transportiert werden, hat man das perfekte Vorbild direkt vor sich.

Lebensstil entfernt sind, die ihre Identität über viele Generationen bestimmt haben. Einige tibetische Mönche haben eine Bewegung initiiert, mit der sie Menschen in diesen Gebieten jetzt, da sie Zugang zu einer größeren Bandbreite von Zutaten haben, zu einer vegetarischen Ernährungsweise anregen wollen. Diese ehemaligen Nomaden geraten unter den Druck, sich mit einem buddhistischen Ansatz in Einklang zu bringen, der in vieler Hinsicht im Widerspruch zu ihrer nomadischen Identität steht. Noch komplizierter wird alles dadurch, dass örtliche chinesische Behörden kommerzielle Schlachthöfe errichtet haben, um die Nachfrage in China nach Yakfleisch zu bedienen. Tibeter haben nie Tiere in großem Maßstab geschlachtet, und die Mönche befürchten, dass solche Praktiken der Region schlechtes Karma bringen. Die Tibeterinnen und Tibeter werden immer mehr in viele verschiedene Richtungen gezerrt, und keines dieser Probleme ist einfach zu lösen.

Und schließlich ändern sich mit der drastisch sich wandelnden Nahrungslandschaft auch die Zubereitungsmethoden in den tibetischen Haushalten und draußen auf dem Weideland. Der traditionelle tibetische Herd wird aus Schlamm und Stein gebaut, er ist der Mittelpunkt von Haus und Zelt gleichermaßen. Tag und Nacht wird das Feuer in Gang gehalten, es ist eine stetige Wärmequelle, und immer steht Yakbuttertee darauf bereit. So wird die Küche zum Dreh- und Angelpunkt aller Tätigkeit und größter Behaglichkeit. Tibet liegt zum größten Teil oberhalb der Baumgrenze, deswegen brennt in diesen Herden normalerweise getrockneter Yakdung; in den tieferen Lagen, wo Yeshis Familie lebt, wird hingegen langsam brennendes Eichenholz verwendet. In den meisten Teilen Tibets sind die Winter ausgesprochen kalt (die Temperaturen sinken über Nacht auf bis zu −15 °C), und der Herd ist normalerweise die einzige Heizquelle im Haus.

Yeshis Eltern gehen um den Stupa des Dorfes.

Traditionellerweise bereiten die Familien sich in der Nähe des Herdes das Bett und halten sich in der Nacht dank der Hitze der Asche warm. Heute werden Metallherde beliebter. Diese Neuerung aus China gilt als erstrebenswerte, moderne Alternative, wir haben jedoch gehört, dass diese Herde nicht die Wärme erreichen können, die die traditionellen Öfen abgeben. Es wird interessant sein, zu erleben, wie die Dynamik der Heime sich verändert, falls und wenn der Herd nicht mehr die Hauptwärmequelle ist.

Zu Tisch in Tibet

Im vormodernen Tibet gab es keinen Esstisch; im Grunde auch keine Stühle. Noch heute sitzen die Menschen Tibets lieber mit gekreuzten Beinen auf der Erde oder dem Fußboden, denn sie haben sich daran gewöhnt, diese Haltung einzunehmen, wenn sie Gebete sprechen oder in Klöstern den Unterweisungen lauschen.

Die Tische sind heutzutage zumeist niedrig im Stil von Couchtischen; darauf stehen viele Teetassen. Manchmal bildet nur ein großer Topf oder Dampfgarer den Mittelpunkt. *Thenthuk* (Suppe mit handgezogenen Nudeln) oder Momos (traditionelle gedämpfte Teigtaschen) werden so serviert – ein einziges großes Gericht für alle, doch Tibeter essen auch gern von einem Tisch voller miteinander geteilter Speisen, die alle zugleich serviert werden. Sie essen normalerweise aus jeweils eigenen kleinen Schalen, die sie sich häufig nachfüllen.

Die Schalen sind traditionell aus Holz und von Hand hergestellt, oft haben sie für Menschen eine wichtige Bedeutung. In einem alten tibetischen Volkslied wird ein geliebter Mensch mit einer Holzschale verglichen. Das klingt vielleicht nicht sehr romantisch, aber Tibeterinnen und Tibeter behielten ursprünglich eine Schale das ganze Leben lang und nahmen sie mit, wohin sie auch gingen – »an ihrem Busen«, wie es im Lied heißt. Traditionelle tibetische Kleidung ist so gestaltet, dass man alle möglichen Dinge darin unterbringt; tibetische Nomaden holen Schale, Messer, Taschentuch oder Brieftasche – sogar ein Baby – aus den Falten der Gewänder hervor, ohne dass es den kleinsten Hinweis gegeben hätte, dass überhaupt etwas darin verborgen war.

Die Schale ist vermutlich der nützlichste Gegenstand von allen. Sie besteht aus zwei Holzteilen: einer hohen Schale für das Essen und einer flacheren Schale, die als Deckel und als Teetasse zugleich dient und täglich viele Male für heißen

Buttertee benutzt wird. Tibeter behaupten, Buttertee schmecke aus einer Holzschale besser und bleibe heißer, und sie beharren darauf, dass das Holz dem *Tsampa* Geschmack hinzugibt. Yeshi sagt, das Beste an Holzschalen sei, dass sie nie zu heiß zum Anfassen werden. Da die Menschen üblicherweise an niedrigen Tischen essen, neigen sie dazu, ihre Schalen zum Essen nahe an den Mund zu führen, und mit einer Holzschale lassen sich kochend heiße Brühe und heißer Buttertee genießen, ohne dass man sich die Finger oder Lippen und Zunge verbrennt.

Wegen dieser zahlreichen Vorzüge und der Langlebigkeit ist die traditionelle tibetische Holzschale noch nicht von billiger chinesischer Keramik oder anderen Alternativen verdrängt worden, und die althergebrachte Herstellungsmethode wird noch immer angewendet. Dabei wird die ganze Schale aus einem massiven Stück Hart- oder Weichholz geschnitzt, das typischerweise aus der Wurzel, dem Stamm oder einem Ast eines Baumes stammt. Yeshis Vater und Brüder stellen noch immer Schalen für ihre Familie her. Sie beherrschen auch die Kunst der Holzpolitur, die die Schönheit der natürlichen Maserung unterstreicht. Wenn sie unterwegs sind, haben alle ihre eigene Schale dabei.

Der Brauch gebietet, dass man nur so viel hineinfüllt, wie man auch sicher essen kann. So wird nichts weggeworfen, und wenn die Mahlzeit beendet ist, muss die Schale bloß saubergeleckt werden. Es ist Yeshi sehr wichtig, darzulegen, dass nicht alle Menschen in Tibet diese Technik anwenden; dass sie effizient und sparsam ist, kann man aber nicht leugnen.

Gute Manieren – und die werden definitiv sehr geschätzt – sind also andere Verhaltensweisen.

Tsampa-Topf und traditionelle Holzschale auf dem Familientisch.

Anfängern sei gesagt: Tibeter sind überzeugt, man könne das Essen nicht richtig genießen, wenn man ihm nicht die nötige Aufmerksamkeit widmet. Wie sehr das Essen Sie also begeistert, lassen Sie sich nicht lautstark darüber aus. Keine Köstlich!-Rufe, kein Hmm! oder sonstige laute Zeichen des Genusses. Essen ist eine stille Angelegenheit, und selbst für fröhliches Geplauder ist der Esstisch nicht der richtige Ort. Es frustriert Yeshi sehr, wenn unsere Kinder Bücher oder Spielzeuge mit an den Tisch nehmen oder herumalbern. Tibetische Familien speisen normalerweise schweigend zusammen und genießen das Essen als ein Geschenk, das sie nährt und stärkt.

Auch Zurückhaltung und Respekt sind sehr wichtig. Man sollte beispielsweise anderen Essen anbieten, bevor man die eigene Schale füllt, und darauf achten, dass die Alten und die Kleinen zuerst etwas bekommen. Auch wenn Sie ausgehungert sind, sollten Sie in einem tibetischen Hause immer warten, bis man Ihnen etwas anbietet: Um etwas zu essen oder zu trinken zu bitten kann als ungehobelt betrachtet werden, und selbst wenn man Ihnen etwas anbietet, sollten Sie am besten mindestens einmal ablehnen, eventuell sogar mehrmals, bevor Sie es gnädigerweise annehmen.

Wenn dann glücklich etwas Schmackhaftes in Ihrer Schale gelandet ist, so versuchen Sie, sich nicht zu überessen und nicht zu viel in den Mund zu stecken oder zu schnell zu essen. Idealerweise sollten Sie auch nicht um mehr bitten, sondern warten, bis man Ihnen einen Nachschlag anbietet. Am Ende der Mahlzeit sollte Ihre Schale leer sein, füllen Sie sie also mit kleinen Mengen und passen Sie auf, dass die Augen nicht größer sind als der Magen.

Und schließlich: Bedenken Sie, dass man Essen als ein Geschenk betrachtet, das es wertzuschätzen gilt. Zeigen Sie also den gebotenen Respekt und

steigen Sie nicht über Töpfe und Pfannen oder das Essen selbst hinweg. Auch sollten Sie die Füße vom Tisch lassen, selbst wenn keine Speisen darauf stehen, und versuchen Sie, die Beine zu kreuzen – strecken Sie sie nicht vor sich aus. Wenn es um den Herd geht, müssen Sie besonders sorgsam und respektvoll sein. Der Herd ist in Tibet der Sitz des Küchengottes. Ihren Küchengott werden Sie nicht beleidigen wollen, und wenn Sie den Herd sauber halten und sich um ihn kümmern, schützen Sie das Glück Ihrer Familie.

Gilt die Küche in tibetischen Haushalten als geheiligter Ort, so wird außerhalb des Heims der Zeitvertreib des Picknickens genauso ernst genommen. Hierbei dreht sich alles um's Essen, auch die Gespräche. Die Winter in Tibet können lang und streng sein, doch der Sommer mit strahlender Sonne und sanftem Wind ist geprägt von Monaten mit unbeschwerten Picknicks. Im Freien sind die üblichen strikten Vorgaben rund um das Essen gelockert. Kalte Salate und gebratene Gerichte werden von zu Hause mitgebracht, dazu gebratenes Brot, Käse, getrocknetes Fleisch, Nüsse und Körner. Buttertee und süßer Tee stehen auf einer provisorischen Feuerstelle immer bereit. Auch *Chang* (tibetisches Gerstenbier) fließt reichlich. Alles wird auf handgewebten Teppichen ausgebreitet und steht in den Pausen von Musik, Tanz und Spiel bereit.

Achtsam essen

Ein zeitgemäßer Hinweis: Der Mensch isst, um gesund und am Leben zu bleiben. In Tibet ist dies

Links: Yeshis Jüngerer Vater Tashi trinkt Buttertee aus einer traditionellen Schale.
Rechts: Yeshis Tante Dolkar im Gebet

noch immer eine selbstverständliche Tatsache. Die Menschen in Tibet verzehren die Nahrung, die sie zum Überleben in der extremen Kälte brauchen, und zufällig ist das, was sie brauchen, auch das, was zur Verfügung steht. Selbst diejenigen, die sich ein Leben in der Stadt aufgebaut haben, besitzen noch die tiefen Verbindungen zu ihren Wurzeln und der Realität des ländlichen Lebens. Große Mühen und Kämpfe gehören unvermeidlich zum Hirtendasein, und alle sind sich dessen bewusst, wie das Essen auf den Tisch kommt.

Wie die Kinder in vielen Nomadenfamilien, begann Yeshi sehr jung, draußen in den Bergen das Vieh zu hüten. Schon mit acht oder neun Jahren war er monatelang am Stück von zu Hause fort. Er litt unter schrecklichem Heimweh und ab und zu auch unter extremem Hunger und Durst. Die Jahreszeiten bestimmten den Tagesablauf; auf Tage des Holzhackens konnten Pflanztage folgen oder auf eine Woche des Melkens eine Phase, in der er aus dem Fluss unten im Tal Wasser holte. Gelegentlich war er einen ganzen Tag lang zu Fuß unterwegs, um der Familie zu Hause eine Nachricht zukommen zu lassen. In manchen Monaten war mehr zu tun als in anderen, und ein Tag konnte härter sein als der nächste, aber es ist definitiv kein Leben für Arbeitsscheue.

In Tibet beginnt jede Mahlzeit mit einem schlichten Gebet: ein Opfer für Buddha, seine Lehren und den buddhistischen Klosterorden (den sogenannten »Drei Juwelen«, zu denen alle Buddhisten Zuflucht nehmen). In religiöserem Umfeld dienen andere Gebete als Erinnerung an

Einen Moment innezuhalten, um über die Arbeit nachzusinnen, die im Pflanzen, Ernten und Transportieren unserer Nahrungsmittel steckt, und an die Menschen zu denken, die sie zubereitet haben, bedeutet Zwiesprache mit vielen Menschen in Vergangenheit, Gegenwart und Zukunft. Es ist eine Gelegenheit zum Danken.

Yeshis älterer Vater dreht eine alte Gebetsmühle.

die Großzügigkeit der Menschen, deren Einsatz sichergestellt hat, dass Essen auf den Tisch kommt.

Und zu betrachten, was andere für uns getan haben, ist auch eine Chance, darüber nachzudenken, was wir für andere tun. Ist das Essen, das wir verzehren, nutzbringend verwendet, indem es uns stärkt? Sind wir der Nahrung würdig als die Gabe, die es ist? Außerdem müssen wir aufpassen, dass wir nicht der Gier verfallen; wir müssen uns darauf besinnen, dass wir essen, um uns am Leben und gesund zu erhalten, sodass wir anderen etwas geben und gut für sie sein können. Das Essen sollte kein reines Mittel für sinnlichen Genuss sein (aber achtsamer Genuss guten Essens ist in Ordnung!).

Ein verbreitetes buddhistisches Tischgebet lässt sich wie folgt übersetzen:
Diese Speisen sind die Gabe des ganzen Universums,
jeder Bissen eine Opfergabe des Lebens,
möge ich würdig sein, es zu empfangen.
Möge die Energie in diesen Speisen
mir die Stärke geben,
meine unguten Eigenschaften
in heilsame zu verwandeln.
Ich bin dankbar für diese Speisen.
Möge ich den Pfad der Erleuchtung in die Tat umsetzen,
zum Wohle aller Lebewesen.
Freude und Schmerz aller Lebewesen
sind in der Gabe dieser Speisen präsent.
Wir wollen sie in Liebe
und Dankbarkeit empfangen …
und in Achtsamkeit für unsere Schwestern und Brüder
unter den lebenden Wesen aller Art,
die hungrig oder heimatlos,
krank oder verletzt
oder in irgendeiner Art und Weise leidend sind.

Wer von uns den Luxus genießt, sich das Essen auszusuchen, läuft Gefahr, die schlichte Tatsache aus dem Blick zu verlieren, dass Essen Nahrung ist. Wir essen dann vielleicht mit dem Ziel eines bestimmten Körpertyps im Kopf (dünn/muskulös), wir könnten Essen als Ausdruck dafür benutzen, was uns ausmacht und wovon wir überzeugt sind (»Ich liebe Tiere«).

Buddhisten sagen, dass unsere Bindung – sei es an Objekte, Menschen oder Überzeugungen, in diesem Fall im Zusammenhang mit Essen – unser Leid verursacht. Sie kann auch für die Menschen um uns herum die Dinge erschweren. Buddhisten würden raten, dass man annimmt, was auch immer bei einem Besuch in einem buddhistischen

Haus angeboten wird, auch wenn es nicht im Einklang zu dem steht, was man normalerweise isst. Gelegentlich einen Dickmacher oder etwas Fleisch zu verzehren, falls es nötig ist, rüttelt nicht an den Grundfesten der eigenen Werte oder Überzeugungen und wird sehr zur Erhaltung des Friedens in einer ansonsten heiklen Situation beitragen. Buddhisten glauben, dass unsere Bindungen uns aus dem gegenwärtigen Moment holen und dadurch unsere Freude an jenem Moment beschränken. Sie sagen: Wenn wir uns darauf konzentrieren, Essen anzunehmen, ohne in unseren Vorstellungen fixiert zu sein, essen wir ohne Kritik oder Dünkel und konsumieren maßvoller. Zu Beginn jeder Mahlzeit zu danken und sich an den Hauptzweck der Speisen zu erinnern, nämlich den Erhalt unseres Lebens, dient letzten Endes auch dazu, dass einem das Essen besser schmeckt.

In diesem Zusammenhang ist auch die geistige Haltung der Person, die kocht, wirklich wichtig. Bei Taste Tibet achten wir darauf, Bindungen oder Gier nicht in die Küche gelangen zu lassen. Unser Personal versteht, dass unser Hauptziel darin besteht, Nahrung anzubieten und ein Gefühl des Wohlbefindens zu vermitteln. Wir sind bestrebt, erschwinglich und für alle offen zu sein und zugleich die bestmöglichen Zutaten zu verwenden. Natürlich müssen wir einen Gewinn erzielen, doch wir wissen: Wenn dies zum zentralen Anliegen wird, besteht die Gefahr, das aus dem Blick zu verlieren, was uns antreibt, und darunter werden unsere Speisen und unser Service leiden. Wir sind wirklich überzeugt, dass dieses gute Vorgehen in der Küche uns den Erfolg bringt.

Anmerkungen und Tipps zu den Rezepten

Die Rezepte in diesem Buch stammen von Yeshi oder von seiner Familie. Wir können nicht den Anspruch erheben, dass wir die tibetische Küche als Ganzes repräsentieren. Wer die tibetische Küche schon kennt, mag ein paar Lücken ausmachen – zum Beispiel fehlt die traditionelle tibetische Neujahrssuppe *Guthuk*. Yeshis Familie stammt aus einem sehr ländlichen Teil Osttibets mit eigenen Traditionen und lokalen Spezialitäten. Die meisten Rezepte, die wir ausgewählt haben, sind eine Hommage an die Küche in diesem besonderen Winkel der Welt. Sie rufen die Erinnerung an die Tage und Nächte wach, die Yeshi im Nomadenzelt der Familie am Feuer kauernd auf dem Grasland oder im Winter zu Hause mit der Mutter und der Tante verbracht hat. In anderen Gerichten, darunter die für einige Speisen, die wir im Taste Tibet-Restaurant und an unserem Stand anbieten, können Sie Yeshis Weg durch Indien schmecken.

In den Rezepten der beiden letzten Kapitel fließen mehrere Einflüsse zusammen. Sie spiegeln die Zeit wider, die Yeshi in Tibet, Indien und zuletzt im Westen verbrachte, wo er neue Einflüsse in sein Repertoire aufgenommen und insbesondere für Süßspeisen seine eigenen Ideen entwickelt hat.

Doch das Wichtigste zuerst: **der Herd**. Yeshi hat auf einem traditionellen tibetischen Herd kochen gelernt. Vor Elektroherden und Induktionskochfeldern graut ihm ein wenig: Es nimmt ihm den Spaß, ohne eine echte Flamme zu kochen. Aber Tibeter wissen sich zu arrangieren. Diese Eigenschaft kam ihnen in ihren neuen Heimatländern in der ganzen Welt zupass. Die Rezepte in diesem Buch werden auf einem Elektroherd genauso gut gelingen, wenn es das ist, was Ihnen zur Verfügung steht. Eine Anmerkung für diesen Fall: Die Kochplatte eines Elektroherds erreicht normalerweise nicht dieselbe Temperatur wie ein Gasherd und braucht im Allgemeinen länger zum Heißwerden. Sie müssen also eventuell die angegebenen

Stufeneinstellungen anpassen und die Kochzeiten entsprechend verlängern. Vielleicht möchten Sie das aber sowieso. Yeshi kocht gern bei hohen Temperaturen, wenn die Flammen um den Wok züngeln – Sie brauchen womöglich etwas Zeit, sich an diese Kochmethode zu gewöhnen. Doch keine Sorge! Ob mit Strom oder Gas, bald ist es Ihnen vertraut, die Hitze ganz hochzudrehen!

Ansonsten haben Tibeter sehr wenig an Küchenausstattung. Es ist normal, dass man im Haus kein fließendes Wasser hat, es gibt also ziemlich viel Hin und Her mit Eimern und Gefäßen zwischen Haus und Wasserhahn im Freien. Die Gefäße sind zugleich auch **Rührschüsseln**, und diese benutzt man in der tibetischen Küche ausgiebig.

Stellen Sie sich darauf ein, viel mit den **Händen** zu tun. In der tibetischen Küche wird viel mit Teig gearbeitet, und der gelingt am besten, wenn er von Hand bearbeitet wird. Sie könnten natürlich auch einen Elektromixer mit Knethaken verwenden.

Ein großes **Schneidebrett**, idealerweise aus Holz, ist sehr nützlich. »Groß« ist auch die passende Beschreibung für **Töpfe**, **Pfannen** und **Woks**. Sie brauchen von allen mindestens je ein Exemplar, vorzugsweise kein kleines. Machen Sie sich keine Sorgen, wenn Ihr Wok keinen Deckel hat. In unseren Rezepten wird häufig ein **Deckel** verlangt, doch zu Hause benutzen wir einen Deckel, der kleiner ist als der Wok – Hauptsache, man hat etwas, um den Inhalt zu bedecken.

Messlöffel und ein **Messgefäß** sind sehr nützlich, besinnen Sie sich aber auch auf Ihr Einschätzungsvermögen (besonders bei Teigen können Sie selbst am besten beurteilen, wie viel Wasser Ihr Mehl benötigt: Je stärkehaltiger das Mehl, desto mehr Wasser nimmt es auf. Geben Sie die angegebene Wassermenge nach und nach hinzu, um die richtige Konsistenz zu erhalten, und seien Sie

vorbereitet, falls noch mehr Wasser notwendig ist).

Einen **Wasserkocher** brauchen Sie unbedingt, und idealerweise sollten Sie immer kochendes Wasser zur Hand haben, lassen Sie ihn also nicht leer werden. Eine **Teigrolle** (Nudelholz) ist ebenfalls unverzichtbar, wenn Sie Momos und Nudeln zubereiten wollen. Für Momos ist ein **Dampfgarer** (aus Bambus oder aus Metall) hilfreich; dampfgebratene Momos schmecken jedoch genauso lecker, falls Sie keinen besitzen.

In Tibet verwendet praktisch niemand eine **Küchenmaschine** (Elektrizität hat ihren Weg erst in den letzten Jahren in die entlegeneren Regionen gefunden), und Yeshi ist fest davon überzeugt, dass

Links: Yeshis Schwester Dolma mit traditionellen tibetischen Krügen.
Rechts: Holzgeschnitzte Mala-Gebetsperlen.

alles besser schmeckt, wenn es per Hand zerkleinert wird. Nicht jeder jedoch hat die Geduld oder die Zeit dafür, wenn Sie also irgendwo in den Vorbereitungen eine Küchenmaschine oder einen Mixer unterbringen können, nur zu! Die Ergebnisse werden schon anders sein, aber wir wollen nicht missionieren – und manchmal benutzen wir sogar selbst eine. Zu guter Letzt: Szechuanpfefferkörner werden in der tibetischen Küche häufig verwendet und müssen oft zerstoßen werden, **Mörser** und **Stößel** wären also nicht schlecht. Eine **Gewürz- oder Kaffeemühle** ist auch hilfreich, falls Sie planen, *Tsampa* zuzubereiten.

Die Zutaten müssten Sie allesamt recht einfach auftreiben können. Yakfleisch, -milch und -butter fehlen womöglich auf dem Speisezettel, doch **Rindfleisch**, **Kuhmilch** und **-butter** sind ein hervorragender Ersatz; Ihr Asia-Supermarkt dürfte alles im Angebot haben, was Sie sonst noch benötigen, um die traditionelleren Gerichte in diesem Buch zu kochen (detailliertere Information zu den Zutaten Seite 242). Bei unseren Besuchen in Tibet füllen wir gern unsere Vorräte an nicht verderblichen Produkten auf, die in unsere Lieblingsgerichte kommen, zum Beispiel Szechuanpfefferkörner, getrocknete Pilze und tibetisches Salz, aber eine direkte Versorgungsleitung nach Tibet braucht es nicht – für uns kommt dadurch lediglich eine weitere Bedeutungsebene hinzu.

Es ist immer am besten, **Gemüse** lose zu kaufen, wenn es Ihnen möglich ist. Weniger Verpackung ist natürlich gut, es ist aber auch wirklich wichtig, die Ware anfassen, riechen und inspizieren zu können. Asiatische Lebensmittelläden verkaufen ihre Produkte normalerweise so. Ihr Angebot ist tendenziell vielfältiger als im durchschnittlichen Supermarkt und oft auch günstiger. Auf Wochen- und Bauernmärkten können Sie Bioprodukte ohne Pestizide, Hormone, Antibiotika und Genveränderungen finden; immer werden solche Nahrungsmittel besser schmecken, und das Erleben kommt dem am tibetischen Tisch näher.

Waschen Sie unbedingt alles gründlich. In Tibet schälen die Menschen ihr Gemüse eher nicht, deswegen wird Gemüse wie Kartoffeln und Karotten (und aromatisierende Zutaten wie Ingwer) stattdessen in Wasser geschrubbt. Blattgemüse wie Spinat reinigt man am besten, indem man es in einer großen Schüssel mit Wasser heftig bewegt. Wenn es gründlich gewa-

schen ist, hebt man es aus der Schüssel auf das Schneidebrett oder direkt in einen Topf. Gießt man es in ein Sieb ab, kann es geschehen, dass Sandreste mit hinüberwandern. Manche Gemüsesorten sollte man zweimal waschen, einmal vor dem Schneiden und einmal danach. Wir schreiben in den Rezepten dazu, wo man besonders sorgfältig sein sollte.

Verwenden Sie – sofern nicht anders angegeben – so viel von dem Gemüse wie nur möglich. Brokkolistrünke beispielsweise sind köstlich und sollten immer mit in den Topf. Dasselbe gilt für die grünen Spitzen von Frühlingszwiebeln/Schalotten.

In der tibetischen Küche wird wenig weggeworfen.

Yeshi ist sehr fix beim Vorbereiten und schneidet die Dinge meistens dann, wenn er sie braucht. Wenn Sie jedoch lieber vor dem Kochen alles gewaschen und zerkleinert haben, empfehlen wir Ihnen, **im Rezept ein bisschen vorauszulesen**, damit Sie auch für jedes Stadium vorbereitet sind.

Zum Schluss kann ich Ihnen aus Erfahrung sagen: Selten kocht Yeshi ein Gericht zweimal auf dieselbe Art und Weise. In Tibet kann man nie garantieren, was gerade verfügbar ist, daher werden alle Köche und Köchinnen in hohem Maße von ihrem Instinkt und ihrem Wissen, welche Zutaten gut zueinander passen, geleitet. Beim Erstellen dieser Rezepte war es recht unterhaltsam, Yeshi zuzusehen, wie er sich an die Arbeit mit Waagen und Messlöffeln gewöhnte, denn Tibeter kochen eigentlich eher intuitiv (bevor Yeshi nach Großbritannien kam, wusste er gar nicht, dass es Kochbücher gibt). Bei der Teigzubereitung kommt ein wenig Wissenschaft ins Spiel, und Anleitungen können nützlich sein. Ansonsten: Wenn Sie hier und da einen Teelöffel Sesamöl weglassen, wird Ihr Gericht auch ohne ihn köstlich schmecken, spielen Sie also beherzt mit den Mengenangaben oder ersetzen Sie im Verlauf ein Gemüse durch ein anderes. Lernen Sie, **beim Kochen zu würzen und zu kosten**, und wenn Sie Gewürze mögen, immer hinein damit!

Diese Rezepte zu entwickeln hat Yeshi ungeheures Vergnügen bereitet, und wir beide sind völlig begeistert, dass wir unsere Lieblingsgerichte mit Ihnen teilen können und mehr Menschen dazu bewegen, tibetisches Essen zu kochen! Der Traum hat sich erfüllt.

Links: Yeshi und Julie am Stand von Taste Tibet.
Mitte: Das Festzelt von Taste Tibet.

Frühstück

Wenn man den größten Teil des Tages im Freien verbringt und es dort kalt ist, ist ein gutes, reelles, warmes Frühstück sehr wichtig. In Tibet beginnen die meisten Menschen ihren Tag mit *Tsampa*, das ist geröstetes Gerstenmehl. Es schmeckt nussiger als Hafermehl, hat mehr Ballaststoffe und Protein und ergibt eine wirklich nahrhafte und sättigende Mahlzeit – ein großartiger Start in den Tag.

Tsampa wird am häufigsten – und normalerweise auch zum Frühstück – verzehrt, indem man es mit der Hand in einer Schale mit Butter und heißem Wasser vermischt und dann zum Essen zu Bällchen rollt oder presst. Wer es gern süß hat, kann Zucker oder Honig hinzugeben; ansonsten passt Käse hervorragend dazu. Mit etwas mehr Wasser macht man Gersten-Porridge, den man aus der Schale schlürfen kann.

Im Idealfall spülen Sie Ihr *Tsampa* mit einer Schale Tee hinunter. Tibeter trinken ihren Tee traditionellerweise mit Butter und Salz und manchmal mit einem Klumpen getrocknetem Yakkäse für mehr Geschmack – dies ist beim Aufwachen das Erste, was ihre Lippen berührt. Manche Leute mischen diesen Tee in ihr *Tsampa*. In früheren Zeiten drückte man *Tsampa* tief in die Schale hinein, damit der Tee nahrhafter wurde und mehr Geschmack bekam. War die Flüssigkeit ausgetrunken, ergab dieses aufgelöste *Tsampa* gemischt mit Butter und Salz eine Art Instant-Brot. Nomaden, die draußen auf der tibetischen Hochebene Yaks und Ziegen hüten, verzehren zum Frühstück höchstwahrscheinlich *Tsampa*. Es wiegt wenig, lässt sich mitnehmen und ist somit ein gutes Convenience-Food. Wenn sie schon unterwegs sind, können sie *Tsampa* direkt aus einem Beutel am Gürtel nehmen und es so essen. Das feine Pulver löst sich auf der Zunge bald auf, und es bildet sich Speichel; der Trick ist, nicht so nah heranzukommen, dass man es einatmet, denn dann kann es im Rachen kleben bleiben.

Wer noch gemütlich im Yakhaar-Zelt ist, braucht nur ein wenig kochendes Wasser, um ein nahrhaftes Frühstück zuzubereiten.

In der Stadt wird womöglich in einem Teehaus gefrühstückt. Dort findet man oft Nudeln oder Fleischpasteten im Angebot. Teehäuser servieren normalerweise süßen Tee: Einst war er reisenden Aristokraten vorbehalten (süßer Tee kam über Indien und Nepal nach Tibet), heute hat sich um dieses äußerst wohlschmeckende Getränk eine gut gedeihende Teehauskultur entwickelt. Das Teehaus ist ein Ort, an dem man eilig einen Wachmacher zu sich nehmen kann, es ist ein Ruheplätzchen für buddhistische Pilger und ein beliebter Treffpunkt für junge und alte Menschen gleichermaßen. In Tibets Hauptstadt Lhasa gibt es überall Teehäuser, in denen man wunderbar frühstücken kann. Hier lässt es sich gut Zeit verbringen, und nur allzu leicht gleitet man vom Frühstück ins Mittagessen hinüber. In Ihrer heimischen Küche haben Sie mehr Zutaten zur Hand und sind beim Frühstück vermutlich experimentierfreudiger. Für einen guten Start in den Tag gibt es keine Regeln; die Reste vom Vorabend (vor allem Nudeln) sind also völlig in Ordnung, wenn Ihnen der Sinn danach steht. Oder warum nicht ein Buchweizenpfannkuchen mit heißem Honig und Butterdip? Für ein Frühstück mit Brot könnten Sie sich etwas Frühstücksbrot braten und mit Rührei, Spiegelei oder gekochtem Ei genießen, oder es einfach in den Tee stippen.

Su-cha (Buttertee)

Für 2 Portionen
Die Menschen in Tibet trinken im Laufe des Tages enorme Mengen an Buttertee. Es ist mehr eine Brühe als ein Tee, wie wir ihn kennen, und mit frischer Butter zubereitet köstlich geschmeidig und cremig. Ist die Butter jedoch sauer geworden – wie es in den entlegeneren Gebieten häufig geschieht, in die bis jetzt noch keine Kühlschränke gelangt sind –, kann er recht ranzig schmecken. Was hat dies doch dem Ruf eines im Grunde sehr leckeren Getränks geschadet!

In Tibet wird Buttertee mit Schwarztee zubereitet, den man von einem großen Teeziegel abbröckelt (Tee wurde ursprünglich so zusammengepresst, damit er die Strapazen der Reise aus China übersteht). Wir ersetzen hier den Teeziegel durch die Teemischung English Breakfast (Teebeutel gehen auch) und geben auch ein wenig Milch hinzu, um die cremige Konsistenz von reiner Yakbutter zu erhalten. Mit einem Mixer ist der Tee viel schneller bearbeitet als im traditionellen hölzernen Butterfass mit Stampfer.

1–2 Teebeutel English Breakfast (wir mögen die Marke Yorkshire Tea), je nach gewünschter Stärke
1 Prise Salz
25 g ungesalzene Butter
100 ml Vollmilch

VEGETARISCH

400 ml Wasser in einen Topf geben und auf hoher Stufe zum Kochen bringen.

Wenn das Wasser kocht, den/die Teebeutel hineingeben und gut 3–4 Minuten kochen, dabei gelegentlich umrühren. Dann den/die Teebeutel aus dem Topf nehmen und entsorgen.

Vom Herd nehmen. Salz, Butter und Milch hinzugeben und mit einem Handmixer den Tee schaumig rühren. Falls nötig, vorsichtig wieder erhitzen, aber nicht mehr zum Kochen bringen.

Gewürzter süßer Tee

Für 2 Portionen

In der einfachsten Form kann man tibetischen süßen Tee lediglich aus Schwarztee, Milch und etwas Zucker zubereiten. Gewürzter süßer Tee ist komplexer im Geschmack, ähnelt indischem Chai, ist aber nicht so süß. Wir servieren den Tee im Taste Tibet-Restaurant und am Stand, und er ist ein Renner. In Tibet würde man ihn mit losen Teeblättern zubereiten, aber Teebeutel sind einfacher für zu Hause.

2 grüne Kardamomkapseln
2,5 cm Zimtstange
2,5 cm Ingwer, gewaschen, ungeschält, fein gestiftelt
1 Teebeutel, z. B. English Breakfast; wir mögen die Marke Yorkshire Tea
2 TL brauner oder weißer (Kristall-) Zucker, nach Geschmack
100 ml Vollmilch

VEGETARISCH

300 ml Wasser abmessen und in einen Topf geben. Kardamomkapseln auf ein Brett legen. Eine Hand über die Kapseln wölben, damit sie nicht umherfliegen. Kapseln leicht mit dem Ende einer Teigrolle klopfen, damit sie aufbrechen, dann mit der Teigrolle behutsam darüberrollen.

Kardamom, Zimt, Ingwer, Teebeutel und Zucker in den Topf geben. Zum Kochen bringen, ab und zu umrühren, damit sich der Zucker besser auflöst, und dann ein paar Minuten brodeln lassen. Die Milch hineingießen und sobald der Tee wieder köchelt, vom Herd nehmen und durch ein Teesieb oder einen Filter in Tassen gießen; man kann Kardamom, Zimt, Ingwer und Teebeutel auch einfach mit einer Gabel zurückhalten.

Veganer Chai

Für 2 Portionen

Dieses Rezept hat seinen eigenen Platz verdient, denn es wird nicht nur einfach eine Milch gegen eine andere getauscht: Die Balance zwischen Milch und Wasser verändert sich, wenn man keine tierische Milch verwendet. Wir nehmen gern Hafermilch, aber mit Mandelmilch klappt es auch gut.

1 Teebeutel – wir nehmen die Mischung English Breakfast und sind Fans der Marke Yorkshire Tea
3 grüne Kardamomkapseln
2,5 cm Ingwer, gewaschen, mit Schale, fein gestiftelt
2 TL brauner oder weißer (Kristall-) Zucker
300 ml ungesüßte Hafermilch – wir mögen die Marke Minor Figures

VEGAN

100 ml Wasser in einem Topf zum Kochen bringen und den Teebeutel hineingeben.

Kardamomkapseln auf ein Brett legen. Eine Hand über die Kapseln wölben, damit sie nicht umherfliegen. Kapseln leicht mit dem Ende einer Teigrolle klopfen, damit sie aufbrechen, dann mit der Teigrolle behutsam darüberrollen.

Kardamom, Ingwer und Zucker in den Topf geben. Zum Kochen bringen, ab und zu umrühren, damit sich der Zucker besser auflöst, dann ein paar Minuten brodeln lassen. Die Milch hineingießen und sobald der Tee wieder köchelt, vom Herd nehmen und durch ein Teesieb oder einen Filter in Tassen gießen; man kann Kardamom, Ingwer und Teebeutel auch einfach mit einer Gabel zurückhalten.

Numtak Balep (frittiertes Frühstücksbrot)

Ergibt 6 Stück

Numtak Balep ist ein herrlich luftiges, etwas zähes Brot, ein Genuss zum Frühstück mit Tee und Rührei; mit gut gewürzten Kichererbsen und Kartoffeln (Seite 43) schmeckt es ebenso köstlich. Yeshi hat es zum ersten Mal gekostet, als er etwa vier oder fünf Jahre alt war. Seine Familie hatte Kinder, und ab und zu wurden ein paar zu Verwandten geschickt. In der Heimatstadt seiner Großmutter gab es Geschäfte, die Zerstreuungen aller Art versprachen, doch die Kinder durften nicht hinein. Yeshi erinnert sich, dass sein Onkel sein Bestes tat, um etwas zuzubereiten, das aussah wie im Laden gekauft, und wie viel aufregender als irgendetwas aus den Schaufenstern des Geschäftes sein selbst gemachtes Brot dann letztlich war.

350 g (2⅓ Tassen) selbsttreibendes Mehl
2 EL Naturjoghurt
300 ml Kochöl
selbsttreibendes Mehl: 350 g Mehl mit 2 TL (10 g) Backpulver mischen.

VEGETARISCH

Mehl, Joghurt und 1 TL Öl in eine Rührschüssel geben. Mit einer Hand vermischen und mit der anderen Hand 100 ml warmes Wasser langsam hinzugießen. In der Schüssel kneten, bis ein schön weicher, luftiger Teig entstanden ist – wenn er fertig ist, sollte er nicht mehr an den Fingern kleben. Zudecken und ca. 10 Minuten beiseite stellen.

Die Arbeitsfläche mit etwas Mehl bestäuben, damit der Teig nicht kleben bleibt. Den Teig in 6 gleich große Stücke schneiden oder reißen. Ein Teigstück zwischen den Handflächen zu einer Kugel rollen. Mit einer Teigrolle mehrmals von oben nach unten und von unten nach oben ausrollen und dabei wenden und drehen. Weiterarbeiten, bis ein Kreis mit einem Durchmesser von ca. 15–20 cm entstanden ist. Mit der Spitze eines scharfen Messers links und rechts der Mitte 2 Schlitze hineinschneiden.

Eine Bratpfanne auf mittlerer Stufe aufsetzen und das restliche Öl hineingeben. Zum Prüfen der Temperatur ein kleines Stückchen Teig ins Öl geben: Wenn daran Bläschen sprudeln und es schnell aufsteigt, kann es losgehen. Die Teigscheibe vorsichtig ins Öl gleiten lassen. Sobald sich an der Oberfläche Bläschen bilden – nach ungefähr eine Minute –, die Teigscheibe mit einer Zange wenden und eine weitere Minute oder bis sie leicht goldbraun ist frittieren. Wiederum wenden und nur einen Moment lang warten, dann aus der Pfanne nehmen und auf Küchenpapier abtropfen lassen.

Die Hitze herunterstellen, während das zweite Teigstück schnell ausgerollt wird. Wenn es bereit ist, die Hitze wieder auf mittlere Stufe stellen und wie das erste Teigstück frittieren. So fortfahren, bis alle 6 Brote fertig sind.

Yeshi sagt: »Wichtig ist, dass das Öl genau die richtige Temperatur hat – zu heiß, und das Brot wird zu schnell dunkel, zu kalt und es braucht lange zum Garen, was die Textur beeinträchtigt. Ziel ist eine hübsche goldene Farbe, die sich langsam aufbaut. Arbeiten Sie mit einer guten mittleren Hitze und korrigieren Sie die Temperatur nach Bedarf nach oben oder unten.«

Frühstücksbombe aus Kartoffeln und Kichererbsen

Für 4–6 Portionen

Dies ist ausgesprochenes Soulfood und das beste Mittel gegen einen Kater. Der Kontrast der Texturen bewirkt eine Geschmacksexplosion – eine Bombe, könnte man sagen. Wenn das Gericht eine mehr Curry-artige Konsistenz haben soll, geben Sie in den späteren Kochphasen etwas kochendes Wasser hinzu.

Es lohnt sich, hierfür gleich einen ganzen Schwung getrocknete Kichererbsen zu kochen (Reste halten sich im Kühlschrank bis zu 4 Tage oder tiefgekühlt einige Monate). Die Kichererbsen müssen zuerst über Nacht einweichen, aber keine Sorge, falls Sie das vergessen – Sie können immer auch Kichererbsen aus der Dose nehmen.

2 weiße Kartoffeln, ca. 350 g, gewaschen, mit Schale, gewürfelt
2 EL Kochöl
½ TL Kreuzkümmel
1–2 frische grüne Chilischoten, in dünne Streifen geschnitten, ohne Kerne
1 TL Salz
½ rote Zwiebel, fein gehackt
1 große Knoblauchzehe, fein gehackt
3 Tomaten, gewürfelt
1 Dose Kichererbsen à 400 g (abgetropft) oder 100 g getrocknete Kichererbsen zubereiten
¼ TL Kurkuma
Koriandergrün, gehackt, zum Garnieren – optional

VEGAN

Kartoffeln in einen Topf mit kaltem Wasser geben, zum Kochen bringen und weich kochen.

In der Zwischenzeit das Öl auf mittlerer Stufe in einem Wok oder einer Bratpfanne erhitzen. Wenn es heiß ist, den Kreuzkümmel hineingeben und ca. 30 Sekunden umrühren, dann Chilistreifen und Salz hinzugeben, kurz darauf Zwiebel und Knoblauch. Gründlich umrühren, dann die Hitze auf hohe Stufe stellen und braten, bis Knoblauch und Zwiebeln sichtlich weich und goldbraun geworden sind. Nun die Tomaten hinzugeben und gut umrühren. Zum Kochen bringen, dann die Hitze auf niedrige bis mittlere Stufe stellen und ein paar Minuten einkochen lassen, bis die Soße dick ist.

Mit einem Schaumlöffel die gekochten Kartoffeln aus dem Wasser nehmen, mit in den Wok geben und fest in die Tomaten hineindrücken, fast stampfen. Die Konsistenz soll sein wie für einen Dip.

Werden Dosen-Kichererbsen verwendet, diese abgießen und abspülen. In den Wok geben, die Kurkuma ebenfalls. Alles miteinander verrühren, dann servieren – nach Belieben mit Koriandergrün garniert.

Yeshi sagt: »Dieses Gericht wird am besten mit *Numtak Balep* (frittiertes Frühstücksbrot, Seite 40) serviert. Wer beides zugleich zubereitet, kann die Kichererbsen auf niedriger Stufe köcheln lassen und währenddessen das Brot machen; sollte die Soße zu dick werden, einfach etwas kochendes Wasser hinzugeben.«

Buchweizenpfannkuchen

Für 4 Portionen
Dies ist das Lieblingsfrühstück von Yeshis Mutter. Wenn Sie diese Pfannkuchen mit heißem Honig und Butter kombinieren – und das müssen Sie unbedingt! –, werden Sie verstehen, warum.

Buchweizen ist eine robuste Pflanze, die selbst unter schwierigen Bedingungen gedeiht. Die Samen werden zu einem Mehl mit ganz eigenem, erdigem Geschmack verarbeitet, der etwas gewöhnungsbedürftig sein kann. Um ihn ein wenig abzumildern, ersetzen Sie 50 g Buchweizenmehl durch normales Weißmehl.

200 g Buchweizenmehl
2 Eier
etwas Kochöl, falls nötig
Dip aus heißem Honig und Butter (Seite 47) zum Servieren

VEGETARISCH

Das Mehl in eine Schüssel geben, Eier aufschlagen und 500 ml Wasser hinzugeben. Zu einem glatten Teig verquirlen – er wird recht flüssig sein.

Bei einer guten antihaftbeschichteten Pfanne braucht man kein Öl, doch wenn auch nur der geringste Zweifel besteht, ob der Teig ansetzt, ein paar Tropfen Öl in die Pfanne geben. Die Pfanne muss zum Backen heiß sein, also die Pfanne eine Minute auf hoher Stufe stehen lassen. Nun so viel Teig hineingießen, dass der Pfannenboden gerade bedeckt ist; die Pfanne leicht anheben und in alle Richtungen neigen, sodass ein sehr dünner Pfannkuchen entsteht.

Die Hitze auf mittlere Stufe reduzieren und den Pfannkuchen auf der ersten Seite backen, bis der Teig nicht mehr flüssig ist; dies kann bis zu 2 Minuten dauern. Vorsichtig wenden und die andere Seite noch eine Minute backen, dann wiederum wenden und nochmals ein paar Sekunden backen. Die fertigen Pfannkuchen auf einen Teller legen und warm halten, während die restlichen gebacken werden.

Wenn der zweite und dritte Pfannkuchen in Arbeit sind, ist die Pfanne heißer, und die Backzeiten müssten kürzer sein, also gut aufpassen.

Um den Pfannkuchen wie ein echter Tibeter, eine echte Tibeterin zu essen, zerreißen Sie ihn mit den Händen und tunken ihn in einen Dip aus heißem Honig und Butter.

Dip aus heißem Honig und Butter

Für 4 Portionen

Im Frühling und im Sommer ist Yeshis Dorf ein Wildblumenparadies. Die meisten Familien haben Bienenstöcke unter den Felsen auf den Bergen über oder hinter ihren Häusern. Die Bienen produzieren große Mengen Honig, aber es gibt keine Schutzausrüstung, und mitunter wird jemand gestochen. Yeshi erinnert sich nicht nur, wie aufregend es ist, direkt vor den Leisten mit Honigwaben zu stehen, sondern auch an den Schauder der Gefahr, wenn man sie herausholt.

In Tibet wird Honig seit Jahrhunderten zur Behandlung von Krankheiten und Wunden aller Art verwendet. Yeshis Familie bewahrt einige Honigsorten speziell für medizinische Zwecke auf; sie sagen, seine Kraft entfalte sich erst mit der Zeit.

Am Frühstückstisch genießt man Honig gerne mit *Tsampa* (geröstetes Gerstenmehl, Seite 51), mit Brot und in Snacks, aber gekocht mit Butter, wie hier, und zu Buchweizenpfannkuchen schmeckt er wohl am leckersten.

50 g ungesalzene Butter
70 g flüssiger Honig

VEGETARISCH

Butter und Honig in einen Topf geben und auf niedriger bis mittlerer Stufe aufsetzen. Behutsam rühren, bis sie miteinander verschmolzen sind, dann 5–10 Sekunden aufwallen lassen und nun vom Herd nehmen. Achtung! Nicht zu lange kochen, denn dann trennen sich Butter und Honig.

Warm servieren. Beim Abkühlen wird der Dip etwas fester – auch das ist köstlich –, und wenn Sie die flüssige Konsistenz mögen, können Sie ihn immer wieder auf den Herd stellen und für die zweite Runde nochmals schmelzen.

Julie und Choeden, Yeshis Mutter.

Süßes Balep (süßes Fladenbrot)

Ergibt 5 Stück

In der tibetischen Hauptstadt Lhasa wird *süßes Balep* viel an Straßenständen verkauft. Als Yeshi sein Dorf in Tibet verließ, war Lhasa eine Zwischenstation, und er kaufte große Mengen süßes Balep für die Reise. Süßes Balep hält sich besser als herzhaftes und schmeckt auch pur gut. Die Fladenbrote brachten ihn durch diese ersten Tage und gaben ihm Kraft und Zuversicht. Auch in Klöstern wird süßes Balep zubereitet, und Tausende Mönche verzehren es täglich mit Tee zum Frühstück. Ich weiß noch – als ich vor Jahren an einer Unterweisung im Tempel Seiner Heiligkeit des XIV. Dalai Lama in Dharamsala (Indien) teilnahm, saßen wir auf dem Steinboden des Tempels, und die Mönche verteilten an uns alle Tee und süßes Balep. Diese Fladenbrote mit Marmelade, Honig oder Butter bestrichen sind köstlich.

100 g feinster Zucker
500 g Mehl mit 3 TL (15 g) Backpulver plus Mehl zum Bestäuben
1 TL Backpulver zusätzlich
3 EL Kochöl
2 Eier

VEGETARISCH

In einem Gefäß 150 ml warmes Wasser abmessen, den Zucker hinzugeben und gut umrühren, bis der Zucker sich vollständig aufgelöst hat.

Mehl und Backpulver in einer Schüssel vermischen, dann Öl und Eier hineingeben. Mit den Händen gründlich vermischen und zugleich langsam das warme, gesüßte Wasser zugießen. Immer weiter kneten, bis in der Schüssel ein Teig entsteht. Er wird sich etwas nasser anfühlen, als Ihnen womöglich angenehm ist, doch dies ist die Konsistenz, die Sie anstreben – der Teig soll nicht zu fest sein. Zudecken und 10 Minuten beiseite stellen.

Den Teig auf eine bemehlte Arbeitsfläche setzen und gut kneten. Er sollte sich schön und weich anfühlen und noch immer etwas auseinandergehen. Den Teig in 5 ungefähr gleich große Stücke zerteilen und jedes zwischen den Handflächen zu einer Kugel rollen.

Die Arbeitsfläche mit etwas Mehl bestäuben. Die erste Teigkugel mit der Hand flach drücken. Mit einer Teigrolle mehrmals von oben nach unten und unten nach oben ausrollen und das Teilstück dabei wenden und drehen. Es soll ein rundes Fladenbrot mit ca. 15 cm im Durchmesser entstehen.

Eine kleine Bratpfanne auf mittlerer Stufe aufsetzen; Öl wird nicht gebraucht. Wenn die Pfanne heiß ist, das erste Fladenbrot vorsichtig hineinlegen. 1–2 Minuten von einer Seite backen, dann 1–2 Minuten von der anderen. So prüfen Sie, ob das Brot fertig ist: Den Rand sanft mit dem Finger eindrücken; wenn der Teig zurückspringt, ist es fertig, und wenn der Finger einen Eindruck hinterlässt, muss es noch ein bisschen länger backen.

Mit den anderen Fladenbroten wiederholen. Noch warm genießen; ansonsten halten sich die Fladenbrote 4–5 Tage gut in einem luftdichten Behälter.

Tsampa (geröstetes Gerstenmehl)

Ergibt genug für 4–6 Portionen

Einst wurden mit dem Begriff »*Tsampa*-Esser« die Tibeter insgesamt bezeichnet, denn dies war der einzige, alle vereinende Brauch eines Volkes, das viele verschiedene Dialekte sprach und sehr unterschiedliche Traditionen hatte. *Tsampa* (geröstetes Gerstenmehl) ist mit den Menschen aus Tibet um die ganze Welt gereist. Außerhalb ihres Heimatlandes verbindet es sie sofort mit ihrer tibetischen Identität. Auch in Tibet selbst erfreut sich Tsampa wieder wachsender Beliebtheit. *Tsampa* kann zum Frühstück zu Porridge gekocht, zum Mittag- oder Abendessen mit Joghurt verzehrt oder zum Andicken eines Eintopfs verwendet werden. Yeshi bereitet daraus sogar unwiderstehliche Schoko-*Tsampa*-Trüffel zu (Seite 231). Viele Tibeter haben zudem *Tsampa* einfach bei sich und essen es den Tag über zwischendurch.

500 g Perlgerste

VEGAN

Einen schweren Wok oder eine schwere Bratpfanne auf eine hohe Temperatur erhitzen – Gusseisen eignet sich gut. Die Gerste in den heißen Wok oder die heiße Pfanne schütten (es wird trocken geröstet, daher muss kein Öl hineingegeben werden) und nach 1 oder 2 Minuten mit einem flachen Holzlöffel kräftig und schnell umrühren. Damit die Gerste auch gleichmäßig geröstet wird, die Hitze so hoch wie möglich einstellen und die Körner fortwährend vom Pfannenboden weg und von der Mitte zum Rand rotierend bewegen. Etwa 15 Minuten lang stetig vorwärts und rückwärts sowie von einer Seite zur anderen rühren. Die Gerste muss in Bewegung gehalten werden, damit sie nicht anbrennt. Diese Arbeit ist ermüdend, lohnt sich aber!

Wenn die Gerste goldbraun ist, zum Abkühlen in einen Topf oder eine Schale umfüllen. Sie wird in der Resthitze weitergaren (sobald sie ein bisschen abgekühlt ist, kann man sie essen; unsere Kinder schöpfen sich an diesem Punkt sehr gern eine kleine Schale ab und futtern sie wie Popcorn).

Zum Mahlen der gerösteten Gerste ist eine Getreidemühle am besten. Sie erzeugt feines, gleichmäßig gemahlenes Mehl. Eine Kaffee- oder Gewürzmühle funktioniert aber auch, braucht jedoch etwas mehr Geduld, denn vermutlich müssen Sie die Gerste portionsweise verarbeiten (immer ca. 100 g). Für ein möglichst gleichmäßig Mahlergebnis das fertige Mehl sieben und die verbliebenen großen Stücke noch einmal mahlen.

Das Tsampa in einem verschlossenen Behälter bei Zimmertemperatur aufbewahren.

Frühstücks-*Tsampa*

Für 4 Portionen

Wir haben schon viel über die Qualitäten dieses Superfoods gesprochen, aber nur wenig darüber, was für einen Geschmack Sie erwarten sollten. Ob Sie Ihr *Tsampa* süß oder herzhaft zubereiten, dünn wie Porridge oder zu handgepressten Stücken geknetet, es hat einen ganz bestimmten nussigen Geschmack an sich und ein herrliches Röstaroma. Als ich klein war, war der britische Porridge Ready Brek das Größte: nahrhaft und kräftigend, aus Vollkorn-Haferflocken. Nun, *Tsampa* hat einen ähnlichen Charakter, ist aber vielseitiger und schmeckt intensiver.

Dieses Rezept ist für *Tsampa* in seiner kompaktesten Form, aber es gibt hier kein Richtig oder Falsch; wenn Ihr Ergebnis eher einem Porridge ähnelt, dann ist das auch sehr gut. Wie bei jedem Mehl geben Sie einfach Wasser hinzu, wenn die Mischung zu krümelig ist, oder etwas mehr *Tsampa*, wenn zu viel Wasser in der Schüssel ist.

40 g Cheddar, fein gewürfelt
40 g ungesalzene Butter
150 g *Tsampa* (geröstetes Gerstenmehl, Seite 51)

VEGETARISCH

Käse und Butter in eine hitzebeständige Schale füllen und mit 100 ml kochendem Wasser übergießen. Tsampa hineinschütten und mit der Hand (wenn Sie ganz im tibetischen Stil arbeiten wollen und keine Angst haben, die Finger in heißes Wasser zu tauchen) oder einem Löffel (wenn Sie, wie ich, eher zaghaft sind) allmählich in das Gemisch einarbeiten. Zu Beginn wird es sich anfühlen, als kämen Sie mit dem Käseschmelzen oder dem Durchmischen aller Zutaten nicht voran, doch nach einigen Minuten müssten Sie allmählich merken, dass sich alles zu einer Art Paste verbindet.

Sobald das heiße Wasser aufgesogen ist, das Gemisch am besten mit der Hand bearbeiten. Werden nun Klumpen abgenommen und zusammengepresst, bilden sie allmählich etwas, das sich wie Spielzeugknete anfühlt. Vielleicht staunen Sie, dass die Masse, die sich sehr klebrig anfühlte und widerspenstig an Händen oder Löffel klebte, bald sauber abblättert. Passiert das nicht, noch etwas kochendes Wasser hinzugeben, aber immer nur eine winzige Menge. Das Gemisch zu länglich-gerundeten kleinen Laiben formen und in Schalen servieren.

Yeshi sagt: »So genießen wir unser Tsampa zu Hause. Wenn Sie die Vorstellung von süßem Tsampa mögen, können Sie es mit 2 EL Honig oder Ahornsirup oder 1 ½ EL Zucker statt Käse probieren. Butter sollte immer dabei sein. Beeren oder Bananen sind eine nette Beigabe. Sie können Tsampa auch auf Joghurt gestreut kosten: Eine Schale Joghurt lediglich mit etwas Tsampa bestäuben, so verleihen Sie ihm ein wunderbar nussiges Aroma.«

Kalte Gerichte

Im Winter können die Temperaturen in den höchsten Gegenden der tibetischen Hochebene auf –40 °C sinken. Selbst im Sommer sind die Nächte kalt, und die Quecksilbersäule steigt nur knapp über 0 °C . Kalte Speisen sind unter solchen Bedingungen nicht gerade das, was der Arzt verordnet. Kalte Gerichte werden in Tibet nicht so häufig verzehrt, und wenn, sind sie fast immer dafür gedacht, dass man sie als Ausgleich zu heißen Speisen serviert.

Tibetische Ärzte sagen, wo und in welcher Jahreszeit wir auch immer leben, der häufige Verzehr von Salaten, Smoothies und Rohkost (genau die Dinge, die wir im Westen tendenziell mit gesunder Ernährung verbinden) könne sich negativ auf unsere langfristige Gesundheit auswirken, und in einer kalten Umgebung sei dies ganz besonders der Fall.

Sie vertreten den Standpunkt, der Körper benötige mehr Energie, um Rohkost und kalte Speisen aufzuspalten und zu verdauen und brauche so die Reserven auf, die für andere lebensnotwendige Prozesse wie die Heilung notwendig sind. Letztendlich könne dies zu einer Durchblutungsstörung führen, und zum Beispiel eine akute Verletzung könne chronisch werden.

In den Tälern und auf niedrigen Höhenlagen werden Salate und kalte Beilagen als erfrischende Begleiter populärer. Balance und Maß sind jedoch entscheidend.

Im Sommer genießt Yeshis Familie Nahrungsmittel, die sie als kühlend wahrnimmt. Sie essen viel Salat und Staudensellerie, aber nicht immer kalt. Erdbeeren und Birnen sind auch recht beliebt, denn sie gelten als feuchtigkeitsspendend. Auch Joghurt wird sehr gern gegessen. Haltbar gemachtes Yakfleisch wird das ganze Jahr über als kalter Snack verzehrt, normalerweise mit *Sepen* (scharfer Chili-Dip); anderes kaltes gekochtes Fleisch verspeist man mit vielerlei Soßen. Und dann gibt es eingelegten Daikonrettich. Tibeter haben normalerweise ein großes Fass davon in der Küche in der Ecke stehen und greifen zu jeder Tageszeit hinein. Mit Momos (tibetische Teigtaschen), Fleisch und Gerstenbier schmeckt er herrlich, und im Winter, wenn man frisches Gemüse manchmal schwerlich findet, ist es praktisch, welchen dazuhaben.

Tibetischer Joghurt

Für 4–6 Portionen

In Tibet geht man davon aus, dass Nahrungsmittel generell entweder weiß oder rot sind. Traditionellerweise aßen die Menschen in Sommer weiße und im Winter rote Nahrungsmittel. Grob gesagt meint man mit weißen Nahrungsmitteln Milch und andere Milchprodukte, die im Sommer üppiger vorhanden sind, und mit roten Nahrungsmitteln Fleisch, das man im Winter öfter zu sich nimmt.

Seit es *Dhri* – oder weibliche Yaks – gibt, ist Joghurt ein Grundelement der tibetischen Ernährung. Im vormodernen Tibet waren die Nomaden zum Überleben sehr abhängig von *Dhri*-Milch und den Milchprodukten. Probiotischer Joghurt war buchstäblich lebenserhaltend, und das alljährliche Joghurtfest gehört zu den wichtigsten Feierlichkeiten im tibetischen Kalender. Das *Shoton*-Fest (»Joghurt-Bankett«) wird seit dem 11. Jahrhundert gefeiert und ist eine Gelegenheit für Laien, den Mönchen am Ende ihres 100-tägigen Meditations-Retreats Joghurt anzubieten. *Dhri*-Milch hat einen höheren Butterfettgehalt als Kuhmilch, daher wird der Joghurt viel cremiger. Doch die Verfahren, die Yeshis Familie anwendet, lassen sich außerhalb von Tibet nachmachen. Vollmilch eignet sich hier definitiv am besten – damit erhält man die dickste Konsistenz –, und nehmen Sie unbedingt ungesüßten Naturjoghurt mit lebenden Kulturen. Genießen Sie Ihren Joghurt mit Frühstücks-*Tsampa* (Seite 51), mit Chili zu *Sho Sepen* vermischt (Seite 198), in Salaten wie Daikonrettich-Joghurt-Salat (Seite 61) oder auf jede andere Art, die Ihnen schmeckt.

1 l Vollmilch
4 EL Naturjoghurt mit lebenden Kulturen

VEGETARISCH

Die Milch in einem Topf auf mittlerer bis hoher Stufe aufsetzen und unter häufigem Umrühren zum Kochen bringen. Wenn sie ordentlich kocht, vom Herd nehmen und ca. 45 Minuten lang bis auf eine Temperatur von ca. 50 °C abkühlen lassen. Wer kein Thermometer hat: So lange warten, bis man den Finger zwar gut eintauchen kann, die Milch sich aber noch recht heiß anfühlt.

Den Joghurt in die heiße Milch geben und gründlich durchrühren, dann in ein Edelstahl-, Glas- oder Keramikgefäß geben (kein Plastik!). Deckel auflegen und in 2–3 Geschirrtücher oder ein dickes Handtuch einwickeln. Mindestens 8 Stunden oder bis zu 24 Stunden ungestört ruhen lassen. Je länger der Joghurt steht, umso fester und säuerlicher wird er.

Den Joghurt in Schraubdeckelgläser umfüllen und im Kühlschrank aufbewahren; er sollte sich bis zu einer Woche halten.

Yeshi sagt: »Im Winter, wenn die Außentemperatur niedrig ist, stelle ich meinen Joghurt über Nacht gern in den Ofen. Ich gebe ihn hinein, stelle den Ofen auf 200 °C ein und lasse ihn etwa 3 Minuten lang warm werden. Dann mache ich den Ofen aus und lasse den Joghurt die ganze Nacht über zum Festwerden im Ofen. Wenn Ihre Küche etwas kühl ist, könnten Sie den Joghurt auch einfach in die Nähe eines Heizkörpers stellen.«

Zerstoßene Gurken

Für 2–4 Portionen

Gurke ist in Tibet ein beliebter Picknick-Snack, normalerweise klein geschnitten und mit Joghurt zum Dippen. Als Tischgericht wird Gurke oft wie hier beschrieben zubereitet. Hinter dem Zerstoßen steht der Gedanke, dass die Gurke Knoblauch, Öl, Essig und Sojasoße besser aufnehmen kann, wenn sie zerdrückt und gequetscht ist, und dann intensiver schmeckt.

1 Salatgurke
1 kleine Knoblauchzehe, fein gehackt
2 TL Sesamöl
2 TL schwarzer Chinkiang-Essig
2 TL helle Sojasoße

VEGAN

Die Gurke schälen und mit einer Teigrolle über die ganze Länge fest auf die Gurke hauen, sodass sie bricht und zerquetscht wird. Mit einem Messer in Stücke schneiden; wenn Sie das Gefühl haben, sie sei noch nicht genug zerstoßen, erneut bearbeiten.

Die Gurke in eine Schüssel geben und Knoblauch, Sesamöl, Essig und Sojasoße hinzugeben. Zum Vermischen alles ausgiebig in der Schüssel verrühren, dann auf einen Servierteller geben.

Daikonrettich-Joghurt-Salat

Für 4–6 Portionen

Jeder hat ein »Lieblingsrezept von Mama«, und bei Yeshi ist es dieses. Seine Mutter ist ganz versessen auf ihren Salat mit Daikonrettich und Joghurt. Er ist ein wahrhaft erfrischender Begleiter zu allen Gerichten, besonders zu den warmen Fleischgerichten, die im Winter oft den Mittelpunkt auf dem tibetischen Esstisch bilden. Daikonrettich, auch als japanischer oder chinesischer Rettich bzw. Winterrettich bekannt, ist ein schnell wachsendes Gemüse. Er sieht aus wie eine große weiße Karotte, fühlt sich auch so an, und die knackige Textur ist ebenfalls ähnlich. Wie die Karotte ist er geschmacklich mild und süß. Genießen Sie den Salat zu einem heißen Gericht Ihrer Wahl oder mit einem Glas Bier – so mag Yeshi ihn!

1 Daikonrettich, ca. 500 g
1 TL Salz
5 EL Naturjoghurt
¼ TL Szechuanpfefferkörner (Yerma), zerstoßen
1 Prise Chilipulver oder scharfe Chiliflocken
1 kleine frische grüne Chilischote, fein gehackt – optional
Frühlingszwiebel (Schalotten), dünn geschnitten, zum Garnieren – optional

VEGETARISCH

Vom Rettich alle grünen Blätter abschneiden (nicht wegwerfen, sie sind eine hervorragende Ergänzung für Suppen und Eintöpfe), dann waschen, aber nicht schälen.

Den Rettich mit den großen Löchern einer Reibe (oder einer Küchenmaschine, falls Sie eine haben) raspeln und in eine Schüssel geben. Salz hinzufügen und gründlich mit den Fingern einarbeiten. Währenddessen tritt Saft aus dem Daikonrettich aus, und es ist wichtig, möglichst viel dieses bitteren Saftes abzugießen und nur das milde, süße Fleisch zu behalten.

Wenn der Daikonrettich abgegossen ist, Joghurt, Szechuanpfeffer, Chilipulver oder -flocken und frischen Chili (falls gewünscht) hinzugeben. Alles gut miteinander vermengen und mit Frühlingszwiebelringen garnieren, falls Sie mögen.

Kaltes Chili-Schweinefleisch

Für 4 Portionen

Schweinefleisch wird in dem Teil Tibets, aus dem Yeshi stammt, wenig gegessen und ist daher ein seltener Genuss. Die Familie hält zwar Schweine, aber nur ungefähr zehn Stück, und sie schlachten vielleicht eines oder zwei im Jahr. Die Schweine fressen Walnüsse und Rüben, wenn sie auf den Feldern beim Haus sind, und Eicheln oben in den Bergen. Durch diese Ernährung entsteht Schweinefleisch, dessen Fett ein ähnliches Nährwertprofil hat wie Olivenöl. Spanier bezeichnen Schweine, die mit Eicheln gefüttert werden, oft als »Olivenbäume auf vier Pfoten«.

Dieses kalte Chili-Schweinefleisch ist das Lieblingsgericht von Yeshis Vater, und dazu genießt er gern einen Whisky. Die Zubereitung ist einfach, denken Sie lediglich daran, das Fleisch vorher zu marinieren.

500 g Schweinebauch

Für die Marinade

1 EL dunkle Sojasoße
1 ½ TL Salz
½ TL Kurkuma
¼ TL zerstoßene Szechuanpfefferkörner (Yerma)
1 kleine Knoblauchzehe, fein gehackt
2,5 cm Ingwer, gewaschen, mit Schale, fein gehackt

Für die Soße

1 ½ EL helle Sojasoße
1 EL schwarzer Chinkiang-Essig
½ EL weißer Essig
½ EL Sesamöl
3 Frühlingszwiebeln/Schalotten, gewaschen und in 2,5 cm lange Stücke geschnitten
1 TL Taste Tibet-Sepen (Seite 188) oder scharfe Chiliflocken

Die Zutaten für die Marinade mindestens am Vortag in einer Schüssel vermischen, Schweinbauch (mit Schwarte, falls welche dran ist) in große Stücke schneiden, hinzugeben und gründlich vermengen. Deckel auflegen und 1 oder 2 Tage im Kühlschrank marinieren.

Fleisch aus der Marinade nehmen und in einen großen Topf füllen. Etwa 1,5 l kochendes Wasser zugießen, Deckel auflegen und 40 Minuten auf hoher Stufe kochen. Ab und zu danach sehen, damit es nicht überkocht. Fleisch aus dem Kochwasser nehmen und etwas abkühlen lassen, dann zum vollständigen Erkalten in den Kühlschrank stellen.

Vor dem Essen die Knochen entfernen, dann das Fleisch in dünne Scheiben schneiden und auf einem Servierteller anrichten.

Für die Soße alle Zutaten in einer kleinen Schüssel mischen. Sie kann entweder mit dem Chili-Schweinefleisch vermengt oder separat als Dip dazu gereicht werden.

Yeshi sagt: »Dieses Schweinefleisch kann man auch heiß essen, wenn Sie das lieber mögen: Einfach das gekochte Fleisch klein schneiden, sobald es kalt genug zum Anfassen ist. Die Kochbrühe kann zudem für eine Suppe (Spinat, Daikonrettich und Kartoffeln hinzugeben) oder als Grundlage für Nudeln verwendet werden. In Tibet lassen wir sie abkühlen und essen sie dann als eine Art herzhaftes Gelee, aber mir ist klar, dass das nicht jedermanns Sache ist!«

Gelbe Laphing (kalte gelbe Geleenudeln)

Für 4–6 Portionen

Dieses Gericht mit glatten Streifen aus gedämpftem Teig stammt aus Tibet und sieht vielleicht nach einer seltsamen Idee aus, wurde aber begeistert in die nepalesische und indische Streetfood-Kultur aufgenommen. Der Teig wird aus Weizenmehl hergestellt, und die Nudeln erhalten ihre schöne goldene Farbe von Kurkuma.

Lassen Sie sich von der Länge des Rezepts nicht abschrecken! Auf den ersten Blick mag es kompliziert wirken, ist aber überraschend einfach und macht großen Spaß. Arbeitet man mit einem Stapel Bambusdämpfkörbe, hat es auch etwas von einem Zaubertrick – Sie glauben ja nicht, was man aus ein paar wenigen Zutaten, innovativ zubereitet, herstellen kann.

Für die Nudeln
250 g normales Weißmehl
½ TL Salz
¼ TL Kurkuma

Für das Knoblauchwasser
3–4 große Knoblauchzehen, geschält

Für die Soße – pro Portion wird benötigt:
2 TL Sojasoße
1 TL Sesamöl
1 TL schwarzer Chinkiang-Essig
¼ TL weißer Essig
½ TL Taste Tibet-Sepen (Seite 188)
1 Prise Salz oder nach Geschmack

Zum Garnieren
Sojastücke – optional
Frühlingszwiebeln/Schalotten, mit grünen Spitzen, dünn geschnitten
Salatgurke, geraspelt – optional

VEGAN

Für die Nudeln Mehl und Salz in eine Schüssel geben. Langsam 130 ml warmes Wasser hineinträufeln und dabei mit der anderen Hand gründlich vermengen. Wenn das ganze Wasser zugegeben ist, den Teig in der Schüssel mit einer Hand kneten, bis eine schöne, runde Teigkugel entstanden ist. Zudecken und mindestens eine Stunde ruhen lassen oder bis Sie bereit sind, das Nudelgemisch zuzubereiten.

Nun 1 l warmes Wasser zugießen und in den Teig einarbeiten (6–7 Minuten lang kneten), bis sich der Teig größtenteils im Wasser aufgelöst hat. (Übrig gebliebene zähe Teigschlieren kann man 10 Minuten in einem Topf mit Wasser kochen, dann abgießen, erkalten lassen, in dünne Streifen schneiden und später mit in die Nudelschalen geben. Wer das zu umständlich findet, wirft sie einfach weg.) Das milchig aussehende Nudelgemisch durch ein Sieb in eine andere Schüssel abgießen und im Kühlschrank 1–2 Stunden fest werden lassen.

Falls Sojastücke zum Garnieren verwendet werden, diese in der Zwischenzeit eine Stunde in kaltem Wasser einweichen. Abgießen, 4–5 Minuten kochen und wiederum abgießen, zum Abkühlen unter kaltem fließenden Wasser abspülen und überschüssiges Wasser durch leichtes Pressen ausdrücken. Nun die Sojastücke in Streifen oder Stücke schneiden.

Für das Knoblauchwasser den Knoblauch mit der flachen Klinge eines großen Messers zerdrücken. In eine kleine Schüssel füllen, 150 ml Wasser hinzugeben und dieses im Kühlschrank 20 Minuten aromatisieren.

Fortsetzung auf der nächsten Seite >

Kurz bevor das Nudelgemisch aus dem Kühlschrank geholt wird, 1,5 l Wasser in der Basis des Dampfgarers (oder in einem Wok, falls Bambusdämpfkörbe verwendet werden) aufsetzen.

Nun den Nudelteig aus dem Kühlschrank holen. Er wird sich in eine sehr wässrige Schicht oben und eine dicke Schicht Mehl-Bodensatz unten getrennt haben. Vorsichtig den wässrigen Teil in den Abguss gießen. Kurkuma in das verbliebene dicke, milchige Gemisch geben und alles gut verrühren.

Wenn das Wasser sprudelnd kocht, einen Teller in einen Dämpfkorb stellen und mit einem Löffel mit kreisenden Bewegungen etwas Nudelteig in einer dünnen gleichmäßigen Schicht auftragen, sie soll höchstens 2–3 mm dick sein. Wer einen Stapel Bambusdämpfkörbe hat, wiederholt dies mit Tellern für die anderen Körbe. Wer mit nur einem Korb arbeitet, muss 2 oder 3 Durchgänge machen. 9–10 Minuten dämpfen, dann die Nudeln (die sie jetzt sind, auch wenn sie im Moment aussehen wie nasse Pfannkuchen) abkühlen und fest werden lassen.

Die Nudel-Pfannkuchen von den Tellern lösen (ein Reislöffel oder etwas Ähnliches ist praktisch), aufrollen und auf einem Brett in sehr dünne Streifen schneiden. Wenn sie sich nicht gut ablösen lassen, kann man sie vorsichtig auf dem Teller schneiden. Je nach Größe der Teller braucht man wahrscheinlich die Menge von 2 Tellern Nudeln für eine Laphing-Schale.

Die Nudeln in Schalen füllen. Sojastücke und Teigstreifen hinzugeben, falls verwendet, dann etwas Knoblauchwasser darübergießen (Knoblauchzehen nicht entsorgen, man kann sie in anderen Gerichten weiterverwenden).

Zum Schluss Sojasoße, Sesamöl, beide Essige, Sepen und Salz in die Schalen geben. Mit den Frühlingszwiebeln garnieren, und wenn Sie haben, auch mit etwas geraspelter Gurke.

Weiße Laphing (kalte weiße Geleenudeln)

Für 6–8 Personen

Das erfrischende *Laphing* ist in Tibet ein beliebtes Sommeressen, vor allen in den Städten. Yeshi lernte es erst kennen, als er mit ungefähr zwölf Jahren zum heiligen Berg Khawa Karpo reiste. Seine bleibende Erinnerung an dieses Ereignis ist, wie seine Tante so lange wie möglich so viel davon verputzte, wie sie nur konnte. Die Nudeln werden aus der Stärke von Mungbohnen gemacht, sind also natürlicherweise glutenfrei. Das Gelee für die Nudeln kann einige Tage im Kühlschrank aufbewahrt werden. Mungbohnenstärke besitzt kaum Eigengeschmack, lassen Sie sich also nicht verleiten, Soße und Garnierung wegzulassen. Tibeter mögen ihr *Laphing* richtig scharf, und wir empfehlen dies auch unbedingt.

Für die Nudeln
100 g Mungbohnenstärke
½ TL Salz
Für das Knoblauchwasser
7 große Knoblauchzehen, geschält
Für die Soße – pro Portion wird benötigt
3 EL helle Sojasoße
1 TL Sesamöl
2 TL schwarzer Chinkiang-Essig
¼ TL weißer Essig
½ TL Taste Tibet-Sepen (Seite 188) oder mehr nach Geschmack
1 Prise Salz (oder Menge nach Geschmack)
Zum Garnieren
Salatgurke, geraspelt
Frühlingszwiebeln/Schalotten mit grünen Spitzen, dünn geschnitten
Sojastücke – optional, aber sehr gut, wenn Sie welche bekommen können
Teigstreifen, gekocht (Seite 65) – optional

VEGAN

Für die Nudeln Mungbohnenstärke und Salz in eine Schüssel geben, dann 500 ml kaltes Wasser hinzugeben und einige Minuten schnell rührend verquirlen. In einem Topf 600 ml Wasser auf hoher Stufe zum Kochen bringen. Wenn das Wasser gerade kocht, die Hitze auf mittlere Stufe verringern und das Mungbohnenstärkegemisch einrühren; schnell und stetig weiterrühren, während die Masse eindickt. Nach ca. 5 Minuten wird sie allmählich durchscheinend und sehr breiig und bekommt die Textur von Kuchenteig. Jetzt vom Herd nehmen und das Gemisch in eine kleine quadratische oder runde Backform gießen. Mindestens 1 ½ Stunden beiseite stellen oder bis die Masse fest ist.

Falls Sojastücke zum Garnieren verwendet werden, diese in der Zwischenzeit eine Stunde in kaltem Wasser einweichen. Abgießen, 4–5 Minuten kochen und wiederum abgießen, zum Abkühlen mit kaltem fließenden Wasser abspülen und überschüssiges Wasser durch leichtes Pressen ausdrücken. Nun die Sojastücke in Streifen schneiden.

Für das Knoblauchwasser Knoblauch mit der flachen Klinge eines Messers zerdrücken. Den Knoblauch in einer kleinen Schüssel mit 300 ml Wasser auffüllen und im Kühlschrank 20 Minuten aromatisieren.

Wenn das Nudelgemisch fest geworden ist, das Gelee aus der Backform auf ein Brett stürzen, dann in dünne Streifen schneiden.

In jede Schale 1 Handvoll Nudeln geben und mit etwas Knoblauchwasser übergießen (die Knoblauchzehen nicht entsorgen, sie können in anderen Gerichten wiederverwendet werden).

Für die Soße Sojasoße, Sesamöl, beide Essige, Sepen und Salz in die Schalen geben und gut vermengen. Für Textur und Farbe das Ganze mit geraspelter Gurke und Frühlingszwiebelringen garnieren. Außerdem kann man sehr gut Sojastücke und – wenn Gluten kein Problem ist – gekochte Teigstreifen hinzugeben.

Kalte Sesamnudeln

Für 4–6 Portionen

Diese Version des beliebten tibetischen Snacks »weiße *Laphing*« (Seite 69) ist bloß ein bisschen einfacher und schneller zubereitet. Wir selbst können von diesen Nudeln enorme Mengen verdrücken, sind allerdings auch süchtig! Mit all dem rohen Knoblauch, den Frühlingszwiebeln und dem Szechuanpfeffer ist dieses Gericht keine leichte Kost und wird wohl besser als Beilage serviert statt als Hauptgericht. Es ist perfekt für die Sommerparty, passend kombiniert mit ein paar anderen kalten Gerichten und einem schönen, kalten Bier.

180 g Glasnudeln
1 Salatgurke
2 große Knoblauchzehen, fein gehackt oder zerstoßen
5 Frühlingszwiebeln/Schalotten, gewaschen, mit grünen Spitzen, dünn geschnitten 1 EL Sesamöl
2 EL helle Sojasoße
1 EL schwarzer Chinkiang-Essig
1 TL Taste Tibet-***Sepen*** (Seite 188) oder scharfe Chiliflocken
1 TL zerstoßene Szechuanpfefferkörner (*Yerma*) oder Szechuanpfefferöl – optional

VEGAN

Die Nudeln ca. ½ Stunde in einer Schüssel mit heißem, aber nicht kochendem Wasser einweichen, um sie zu wässern und elastischer zu machen.

In einem großen Topf Wasser auf hoher Stufe zum Kochen bringen. Die Nudeln aus dem Einweichwasser herausnehmen und in den Topf geben, vorsichtig im Wasser bewegen und schließlich ca. 2 Minuten kochen lassen. Eine Nudel kosten und prüfen, ob sie fertig sind; danach in ein Sieb abgießen. Nudeln in eine Schüssel geben und zum Abkühlen kaltes Wasser darüberlaufen lassen; im kalten Wasser stehen lassen, während die Gurke vorbereitet wird.

Die Gurke schälen und schräg in dünne Scheiben schneiden; die Scheiben vorsichtig in dünne Streifen schneiden. Es sollten am Ende dünne, ziemlich gleichmäßige Gurkenstifte sein. In eine Schüssel umfüllen und Knoblauch, Frühlingszwiebeln, Sesamöl, Sojasoße und Essig hinzugeben.

Die Nudeln gut abtropfen lassen und auf ein Schneidebrett legen. Grob in Stücke schneiden und mit ***Sepen*** oder Chiliflocken und, falls gewünscht, Szechuanpfefferkörnern oder -öl in die Schüssel geben. Alles gründlich mit Essstäbchen oder einer Gabel durchmischen und servieren.

Son Labu (tibetischer eingelegter Daikonrettich)

Ergibt ungefähr 2,5 kg

In Tibet liebt man eingelegtes Gemüse. Es ist eine wunderbare Methode, Gemüse bis zur nächsten Anbausaison haltbar zu machen. Im Spätherbst bereitet Yeshis Familie zwei oder drei mächtige Gefäße mit Daikonrettich zu und reicht damit bis zum Frühjahr. Dieser Rettich ist scharf, sauer und salzig und kann zu jeder Tageszeit als Snack gegessen werden, aber auch bei den Mahlzeiten als Beilage zu anderen Gerichten. Eingelegter Daikonrettich passt als säuerliche Beigabe zu Wok-Gerichten mit Fleisch oder in den bitterkalten Wintermonaten als Ersatz für frisches Gemüse. Passen Sie die Mengen ruhig an, falls Sie nicht ein so riesiges Gefäß im Kühlschrank haben wollen wie wir!

Traditionellerweise wird die Lake nicht entsorgt, sondern man gießt den Rest mit Salzwasser auf und füllt das Gefäß mit Daikonrettich wieder auf. Als einziger wichtiger Hinweis ist zu beachten, dass auf keinen Fall Öl hineingelangen darf; es würde das eingelegte Gemüse verunreinigen und verderben.

3 Daikonrettiche, insgesamt ca. 1,5 kg, gewaschen, mit Schale
2 EL Meersalzflocken
5–6 getrocknete Chilischoten, ca. 50 g
2 EL Szechuanpfefferkörner (*Yerma*), zerstoßen
200 g Knoblauchzehen, ca. 5 Knollen, geschält, ganz
2 EL ganze Garam-Masala-Gewürze – optional

VEGAN

Abbildung auf Seite 109.

Die Daikonrettiche in etwa 1 cm dicke Schieben schneiden. In eine große Schüssel legen, Salz hinzugeben und sehr gründlich vermengen. Chilischoten mit den Fingern leicht zerdrücken, gerade so sehr, dass sie etwas Schärfe abgeben, dann mit Szechuanpfefferkörnern, Knoblauch und Garam Masala in die Schüssel geben.

Alles miteinander vermengen, dann direkt in ein luftdichtes Gefäß geben, vorzugsweise aus Ton, Keramik oder Glas. Falls Sie ausschließlich Plastik haben, geht das auch. Das wichtigste ist ein gut schließender Deckel.

Daikonrettich im Gefäß nach unten pressen, dann 1,25 l kaltes Wasser in die zum Vermengen benutzte Schüssel geben und diese schwenken, damit alle Reste mitgespült werden. Daikonrettich damit übergießen. Das Gefäß verschließen und vor dem Verzehr 3 Wochen an einem kalten Ort stehen lassen (im Kühlschrank ist ideal). Der eingelegte Daikonrettich sollte dann mindestens 6 Monate gut haltbar sein.

Yeshi sagt: »Man kann nahezu jedes Gemüse auf diese Art einlegen, solange es gut und frisch ist. Daikonrettich ist mein Favorit, aber Chinakohl esse ich auch gern.«

Kalter Rindfleischsalat

Für 4 Portionen

Mit diesem Gericht kann man sehr gut die Reste vom Sonntagsbraten aufbrauchen – dann überspringen Sie den ersten Schritt. Hähnchen- oder Schweinefleisch kann man ebenfalls verwenden, am besten Hähnchenbrust oder Schweinebauch.

Wenn Sie ein Buffet vorbereiten, so passt dieser Salat sehr gut zu heißen und kalten Speisen gleichermaßen. Es ist das perfekte Partygericht.

450 g Rindfleisch aus der Kugel (Nuss)
Salz und schwarzer Pfeffer
2 EL helle Sojasoße
2 TL schwarzer Chinkiang-Essig
1 EL Sesamöl
1–2 TL Taste Tibet-***Sepen*** (Seite 188) oder scharfe Chiliflocken
½ TL Szechuanpfefferkörner (Yerma), zerstoßen, oder 1 TL Szechuanpfefferöl – optional
2–3 Frühlingszwiebeln/Schalotten, gewaschen

Den Ofen auf 220 °C Ober-/Unterhitze (Umluft: 200 °C) vorheizen. Rindfleisch in einen Bräter geben, mit Salz und Pfeffer würzen und 20 Minuten braten; anschließend auf 180 °C reduzieren und weitere 20 Minuten braten. Herausnehmen und abkühlen lassen, dann im Kühlschrank komplett durchkühlen lassen. Das Fleisch wird idealerweise kühlschrankkalt serviert.

Das Fleisch sehr dünn in mundgerechte Stücke schneiden, nicht dicker als 5 mm . In eine Schüssel geben und Sojasoße, Essig, Sesamöl, ***Sepen*** hinzugeben, außerdem Szechuanpfeffer oder Szechuanpfefferöl, falls gewünscht. Alles gründlich miteinander vermengen.

Das Fleisch mit Essstäbchen (oder einer Fleischzange) vorsichtig Stück für Stück auf einem Teller anrichten. Die Frühlingszwiebeln in 5 cm lange Stücke schneiden. Auf dem Fleisch arrangieren und servieren.

Reis und Wok-Gerichte

Die Rezepte in diesem Kapitel sind eine Hommage an all das Gemüse und die anderen Zutaten, mit denen Yeshi als Kind kochen lernte. In den Tälern in Osttibet, wo er aufwuchs, war die Vielfalt immer groß. In diesem Abschnitt werden einige Gerichte präsentiert, die er schon seit Kindertagen isst, und ein paar andere, die er im Laufe der Zeit aufgeschnappt hat.

Früher war Reis in Tibet ein teures Gut. Auf den Rücken von Trägern und Yaks wurde er über gefrorene Gipfel befördert, auf Reisen, die bis zu vier Monate dauern konnten. Reis wurde zusammen mit Tee, Zucker, Gewürzen und Trockenfrüchten aus Nachbarländern wie Indien, China und Nepal importiert und war einst ein Inbegriff für Reichtum. Der Name von einem der drei führenden tibetischen Klöster, des Drepung, bedeutet wörtlich übersetzt »Reisberg«, eine Anspielung auf dessen spirituellen Reichtum, nicht auf materiellen oder kulinarischen.

Irgendwie haben solche Luxusspeisen immer ihren Weg nach Tibet gefunden, und die tibetische Ernährungsweise hat sich seit jeher weiterentwickelt. Die Tibeter haben mit ihrem außergewöhnlichen kulinarischen Gespür und ihrer Fantasie seit ewigen Zeiten gern neue Geschmacksrichtungen und Zutaten erkundet und experimentieren gern mit neuen Kochtechniken. Heute jedoch wird das Tempo der kulinarischen Veränderungen immer schneller. Reis sowie Gemüse der warmen Jahreszeit sind immer einfacher zu beschaffen. Transportverbindungen nach Tibet und innerhalb des Landes werden stetig verbessert, und so kommen immerzu neue Produkte ins Land. Yeshis Eltern berichten, wie die jüngere Generation wählerisch wird und Gefallen an Fastfood entwickelt. Die tibetische Ernährungsweise wird allmählich verwässert.

Stellen Sie von diesen Gerichten so viele auf den Tisch, wie Sie gern kochen möchten. Essen dieser Art ist zum Mischen und Kombinieren gedacht. Alles hält sich im Kühlschrank gut über Nacht, und viele Gerichte können für die zweite Runde zusammen in einen Topf gegeben werden. Geben Sie also im Allgemeinen am nächsten Tag einfach etwas kochendes Wasser in den Topf mit den Speisen, und nach wenigen Minuten kann's wieder losgehen mit dem Essvergnügen. Eine Anmerkung: Zu Wok-Gerichten kann man Reis genießen, traditioneller ist jedoch Brot, entweder *Tingmo* (gedämpftes Brot, Seite 167) oder auf dem Herd gebackene Fladenbrote wie *Balep* (Tibetisches Fladenbrot, Seite 171).

Papas Reis

Für 4–6 Portionen

Yeshi hat zwei Väter (auf Seite 131 erfahren Sie mehr über die tibetische Tradition, dass Bräute nicht nur einen Ehemann heiraten), und sein älterer Vater kocht dieses Gericht an jedem tibetischen Neujahrstag zum Mittagessen. In Tibet sind die Partys – und das Essen! – ein wichtiger Teil der Feierlichkeiten. Zudem wird das neue Jahr mit mehreren religiösen Bräuchen begangen, zum Beispiel mit der Reinigungsübung *Bsang*. Die Menschen in Yeshis Dorf machen auf dem Berg ein großes Freudenfeuer und stellen dann rituelle Opfergaben bestehend aus *Tsampa* (geröstetes Gerstenmehl), Butter, Tee und *Chang* (Gerstenbier) auf Wacholderblättern mitten ins Feuer. Die Gaben setzen einen stark duftenden Rauch frei, von dem es heißt, er schaffe einen Weg oder Kanal zum Buddha. Während der Rest der Familie sich aufmacht, um die Opfergaben darzubringen, kümmert sich Yeshis älterer Vater um die Zubereitung dieses besonderen Reisgerichts, das sie bei ihrer Rückkehr erwartet. Reis war im vormodernen Tibet rar und eine Speise für besondere Gelegenheiten wie Neujahr. Falls Sie dieses Gericht durch Weglassen von Fleisch »puristischer« zubereiten möchten, sind Wildpilze ein hervorragender Ersatz. Wer einen Reiskocher besitzt, kann den Reis damit zubereiten; übrig gebliebener Reis ist für dieses Gericht ebenfalls ideal. Sie brauchen 600 g gekochten Reis. Hier ist kein Gewürz enthalten; servieren Sie also nach Belieben etwas Taste-Tibet-*Sepen* dazu (Seite 188).

600 g Basmatireis
1 rote Zwiebel, dünn geschnitten
300 g Rinder- oder Schweinehack
1 TL Salz
150 g Erbsen (TK-Erbsen sind in Ordnung)
80 g Butter
3 Frühlingszwiebeln/Schalotten, gewaschen und mit grünen Spitzen, dünn geschnitten

In einem Topf mit fest schließendem Deckel den Reis gut abspülen, dann abgießen. 400 ml Wasser zugießen, Deckel auflegen und Topf auf mittlerer bis hoher Stufe aufsetzen. Wenn das Wasser anfängt zu kochen, die Hitze auf mittlere Stufe verringern. Sobald auf der Reisoberfläche kein Wasser zu sehen ist, den Herd auf die niedrigste Stufe stellen und 5–6 Minuten ziehen lassen oder bis der Reis gar ist.

Einen Wok oder eine Bratpfanne auf hoher Stufe aufsetzen. Wenn der Wok/die Pfanne heiß ist, Zwiebel, Fleisch und Salz hineingeben – Öl braucht man nicht – und unter Rühren anbraten, bis das Fleisch gebräunt und durchgegart ist. Sobald der Fleischsaft austritt, die Hitze auf niedrige Stufe verringern, und falls das Fleisch anzubrennen droht, etwas kochendes Wasser hinzugeben.

Wenn das Fleisch gar ist, die Erbsen dazugeben (TK-Erbsen nicht vorher auftauen) und bei niedriger Hitze 1–2 Minuten kochen, dann Frühlingszwiebeln hinzugeben und wieder eine Minute kochen.

In der Zwischenzeit die Butter in einem separaten Topf schmelzen. Tibeter sagen, man wisse dank des zwitschernden Klanges, wann Butter komplett geschmolzen ist, also schön lauschen! Wenn der Buttervogel gesungen hat, den Topf vom Herd nehmen und die geschmolzene Butter in Wok oder Pfanne gießen. Alles umrühren und den Reis unter das Fleisch mischen. Wenn Sie kalte Reisreste verwenden, muss das Ganze ein paar Minuten auf dem Herd stehen, ansonsten jetzt vom Herd nehmen, alles vermengen und servieren.

Perfekter Basmatireis

Für 4 Portionen

Es gibt so viele verschiedene Reissorten, aber für Yeshi hat Basmati den besten Duft und ist am leichtesten zu kochen. Natürlich kann ein Reiskocher diese Arbeit für Sie erledigen und ist eine gute Investition; dass der Reis auf dem Herd immer gut gelingt, ist aber nicht so knifflig, wie Sie vielleicht glauben.

350 g Basmatireis
Olivenöl

VEGAN

Den Reis in einen Topf geben und mehrmals abspülen. Damit entfernt man überschüssige Stärke und trägt dazu bei, dass der gekochte Reis zart und luftig ist. Das Spülwasser abgießen und den Topf auf den Herd stellen. 500 ml kaltes Wasser hinzugeben und die Hitze auf hohe Stufe stellen. Wer möchte, gibt einen Tropfen Olivenöl hinein. Es ist nicht unbedingt notwendig, verleiht dem Reis aber einen schönen Duft. Einen gut schließenden Deckel auflegen.

Wenn das Wasser kocht, die Hitze auf mittlere Stufe verringern und den Reis 8–10 Minuten kochen lassen. Den Topf im Auge behalten und aufpassen, dass er nicht überkocht: Sobald es danach aussieht, den Deckel schräg legen, damit mehr Dampf austreten kann. Wenn kein Wasser über dem Reis zu sehen ist, die Hitze auf niedrige Stufe reduzieren und köcheln lassen, bis das Wasser komplett aufgesogen ist. Servieren.

Reis aufwärmen

Reisreste erst nach dem Abkühlen in den Kühlschrank geben und nicht länger als 1 oder 2 Tage aufheben. Hier ein einfacher Trick zum Aufwärmen, der Ihr Leben verändern wird: Nur etwas kochendes Wasser in den Topf (beim Erwärmen auf dem Herd) oder in die Schüssel (beim Erwärmen in der Mikrowelle) geben und darauf achten, dass der Deckel ordentlich aufliegt. So dampft der Reis beim Erwärmen etwas und wird wieder so luftig wie frisch gekochte Körner. Je nachdem, wie viel Reis erwärmt wird, dauert es auf dem Herd ca. 3–5 Minuten, in der Mikrowelle geht es etwas schneller.

Yeshi sagt: »Wenn Sie die benötigte Menge Wasser für den Reis abschätzen wollen, hier folgende Faustregel: So viel Wasser nehmen, dass es oberhalb vom Reis bis zum ersten Mittelfinger-Gelenk reicht.«

Einfacher Gemüse-Bratreis

Für 4–6 Portionen

Bratreis ist eine ideale Verwendung für Reste, und es gibt viele verschiedene mögliche Variationen. Die Gemüsesorten, die wir vorgeschlagen haben, sind nur Ideen – ersetzen Sie sie also ruhig durch saisonales Gemüse vom Markt, aus Ihrem Garten oder aus der wöchentlichen Gemüsekiste. Alles Aromatische und Knackige ist perfekt. Genießen Sie dazu Ei und Tomatensuppe (Seite 132) oder einen schönen frischen Salat.

3 EL Kochöl
2 große Knoblauchzehen, dünn geschnitten
1 rote Zwiebel, dünn geschnitten
1 TL Salz
200 g grüne Bohnen, geputzt, klein geschnitten
200 g Spargelbrokkoli
2 TL Sojasoße
600 g kalter gekochter Reis, braun oder weiß

Einen Wok auf hoher Stufe aufsetzen und das Öl hineingeben. Wenn es anfängt zu rauchen, den Knoblauch und danach die Zwiebel hineingeben und einige Minuten unter Umrühren anbraten oder bis die Zwiebel weich ist. Salz hinzugeben und einige Minuten schnell und kräftig rühren, dann die Hitze etwas reduzieren und die Bohnen hinzugeben. 4–5 Minuten unter häufigem Umrühren braten lassen.

In der Zwischenzeit den Brokkoli waschen, die Röschen in Stücke schneiden (etwas größer als die Bohnen). Die langen, dünnen Stiele sind richtig saftig und gehören nicht in den Abfall. Die harte äußere Schale entfernen und die Stiele in dünne Scheiben schneiden. Röschen und Stiele in den Wok geben und unter gelegentlichem Umrühren weitere 4–5 Minuten braten. Nun Sojasoße und Sesamöl einrühren.

Wenn der Brokkoli noch ein wenig knackig ist, den Reis und einen Spritzer kochendes Wasser in den Wok geben; die Hitze auf niedrige Stufe stellen. In diesem Stadium nicht zu viel umrühren, denn dann brechen die Reiskörner. Stattdessen einen Deckel (oder Folie) auflegen und alles ca. 2 Minuten lang durcherwärmen lassen, erst dann Bewegung hineinbringen.

Nun mit einem Spatel den Reis leicht im Wok andrücken. Er wird sich noch ein wenig hart anfühlen. Einige Minuten lang behutsam mischen; dafür den Reis besser erst andrücken und dann spatelweise hochheben und wenden, statt mit dem Spatel im Reis zu buddeln. Den Wok erneut zudecken und alles noch einmal 2 Minuten braten lassen; nach der Hälfte der Zeit umrühren. Sollte der Reis trocken aussehen, noch einen Tropfen Wasser dazugeben, aber wirklich nur einen Spritzer – er soll ja nicht matschig werden.

Dresil (Reisgericht für festliche Anlässe)

Für 4 Portionen

In Tibet wird die Farbe Weiß als Symbol für Reinheit und Glück sehr geschätzt. Bei Begegnungen oder zum Abschied schenken Tibeter einander weiße *Khatas* (Schals): Sie symbolisieren das reine Herz des Schenkenden. Dies erklärt in gewisser Weise, warum das süße, weiße Reisgericht *Dresil* die erste Speise ist, die am tibetischen Neujahrstag zubereitet und angeboten wird. Normalerweise gibt es dazu *Su-cha* (Buttertee, Seite 36). Dahinter steht der Gedanke, das neue Jahr möglichst verheißungsvoll einzuleiten.

Das tibetische Neujahrsfest *Losar* ist das wichtigste Ereignis im tibetischen Kalender: eine 15-tägige Feier mit viel gutem Essen und Tanz und mit vielen verschiedenen zeremoniellen und religiösen Opferhandlungen. Die Küche, der wichtigste Teil des Hauses, wird einem gründlichen Frühjahrsputz unterzogen, wenn es auf das Fest zugeht, und während der Feierlichkeiten herrscht darin ein Betrieb wie im Bienenstock.

In Tibet wird *Dresil* normalerweise mit *Droma* zubereitet, einem kleinen, sehr nahrhaften Wurzelgemüse, das ein wenig wie Süßkartoffel schmeckt, nur süßer. Außerhalb von Tibet ist *Droma* nicht zu bekommen, alle anderen Zutaten sind hingegen leicht erhältlich. Geben Sie andere Nüsse als Pekannüsse oder Pinienkerne hinzu, wenn Sie mögen.

250 g Basmatireis
70 g ungesalzene Butter
70 g Honig
60 g rohe, ungesalzene Cashewkerne
100 g Sultaninen

VEGETARISCH

Reis in eine Schüssel geben und gründlich mit kaltem Wasser spülen, dann abgießen und in einen mittelgroßen Topf geben. Diesen auf hoher Stufe aufsetzen, 400 ml kaltes Wasser hinzugeben und einen Deckel auflegen. Wenn das Wasser anfängt zu kochen, die Hitze auf mittlere Stufe verringern; sobald auf der Reisoberfläche kein Wasser mehr zu sehen ist, die Hitze auf so niedrige Stufe wie möglich stellen und 5–6 Minuten ziehen lassen oder bis der Reis gar ist.

In der Zwischenzeit die Butter in einem kleinen Topf schmelzen, dann vom Herd nehmen und beiseite stellen.

Wenn der Reis gar ist, den Honig hinzugeben, anschließend geschmolzene Butter, Cashewkerne und Sultaninen. Auf niedriger Stufe gründlich umrühren, den Deckel für lediglich eine Minute wieder auflegen und den Cashewnüssen ein wenig Zeit zum Weichwerden geben. In Schälchen füllen und servieren.

Spitzkohl aus dem Wok

Für 2–4 Portionen

In vielen Teilen Tibets gedeihen auch zur besten Zeit nur wenige Gemüsesorten, doch der robuste Kohl kann im großen Stil angebaut werden. Man erntet ihn im Herbst und sorgt dafür, dass er die karge Winterzeit hindurch haltbar ist. Yeshis Familie schneidet die Wurzeln ab und lagert die Kohlköpfe in Mieten ein, die in den Berg hineingegraben wurden. So verdirbt das Gemüse im Frost nicht; auch Chinakohl, Daikonrettich, Kartoffeln und Rüben werden so gelagert. Die Öffnung wird mit Erde abgedichtet und ist somit komplett luftdicht, aber man hat jederzeit Zugang zum eingelagerten Gemüse, solange die Mieten beim Verlassen wieder ordentlich verschlossen werden.

Servieren Sie dieses schlichte Wok-Gericht mit Basmatireis oder *Balep* (tibetisches Fladenbrot, Seite 171).

1 großer Spitzkohl, ca. 750 g, oder ein anderer grüner Kohl gleichen Gewichts
3 EL Kochöl
2 getrocknete rote Chilischoten
½ TL Szechuanpfefferkörner (***Yerma***), zerstoßen
2 große Knoblauchzehen, grob gehackt
2,5 cm Ingwer, gewaschen, mit Schale, dünn geschnitten
½ TL Salz
1 ½ EL schwarzer Chinkiang-Essig
2 TL helle Sojasoße
1 TL Zucker

VEGAN

Den Kohl waschen und die Blätter schichtweise einzeln in mundgerechte Stücke schneiden. Den harten Strunk entsorgen.

Das Öl in einen Wok geben und auf hoher Stufe erhitzen, bis es anfängt zu rauchen. Die getrockneten Chilischoten und den Szechuanpfeffer in den Wok geben und umherbewegen, bis sie braun werden. Rasch Knoblauch und Ingwer hinzufügen und etwa eine Minute unter Rühren anbraten. Nun den Kohl hinzugeben und 2 Minuten weiter rühren und anbraten.

Salz, Essig, Sojasoße und Zucker in einer kleinen Schüssel vermischen, in den Wok geben und weitere 2 Minuten garen.

Tofu mit Pak Choi

Für 4 Portionen

In tibetisch-buddhistischen Mönchs- und Nonnenklöstern in Tibet und Indien leben viele Tibeterinnen und Tibeter komplett vegan oder vegetarisch. Hier wurden Tofu und Pak Choi, beide nicht in Tibet heimisch, freudig angenommen und sind auch in Haushalten überall in der Region ein Standardnahrungsmittel geworden. In der Gegend von Yeshis Heimatort bauen die Dorfbewohner so viele verschiedene Pak Choi-Arten an – jede mit eigenem Geschmack und eigener Textur –, dass ihnen schon die Namen ausgegangen sind. Außerhalb von Tibet nehmen wir, was wir finden können, und wenn Sie Pak Choi gar nicht bekommen, können Sie ihn durch grüne Bohnen oder sogar durch Spinat ersetzen, und dieses Gericht wird genauso lecker schmecken.

Kaufen Sie unbedingt festen oder extrafesten Tofu. Mit Seidentofu oder weichem Tofu in japanischem Stil gelingt dieses Gericht nicht, diese Sorten zerbröckeln sehr leicht. Dazu passt ein luftiges Riesenzupfbrot (Seite 175) oder Basmatireis.

- 300 g fester Tofu
- 3 Köpfe Pak Choi, insgesamt ca. 300 g
- 2 EL Kochöl
- 1 kleine getrocknete rote Chilischote – optional
- 2–3 große Knoblauchzehen, dünn geschnitten
- 2 TL helle Sojasoße
- 2 TL Sesamöl
- 1 TL schwarzer Chinkiang-Essig
- 1 Prise Salz – optional

VEGAN

Tofu abtropfen lassen und in fingergroße Stücke schneiden. Den Pak Choi diagonal halbieren, gründlich abspülen und in einer Schüssel mit kaltem Wasser beiseite stellen.

Das Öl in einem Wok auf hoher Stufe 1–2 Minuten erhitzen. Wenn Chili hinein soll, dann ist jetzt der Moment dafür: Chilischote ganz hineingeben und bräunen lassen (gut aufpassen, sie kann schnell anbrennen), dann Knoblauch hinzugeben. Falls es spritzt, die Hitze etwas verringern. Sobald der Knoblauch gebräunt ist, den Tofu hinzufügen und ein paar Minuten braten lassen – er soll vor dem Wenden erst etwas braun werden. Den Tofu vorsichtig umdrehen, damit er nicht zerfällt, und von der anderen Seite ein paar Minuten Farbe annehmen lassen; behutsam weiterrühren, bis er auf beiden Seiten eine schöne goldene Farbe hat. Dies dauert mindestens 5 Minuten.

Pak Choi aus dem Wasser nehmen und in den Wok geben. Das Wasser an den Blättern hilft, den Pak Choi zu dämpfen, und verleiht dem Gericht Flüssigkeit. Sojasoße, Sesamöl und Chinkiang-Essig einrühren. Eventuell nach Geschmack eine Prise Salz hinzugeben. Die Hitze etwas reduzieren (auf mittlere bis hohe Stufe) und 2 Minuten vorsichtig rühren oder bis der Pak Choi weich ist.

Tofu mit Brokkoli und Tomate

Für 4 Portionen

Den Grundsätzen der traditionellen tibetischen Medizin zufolge ist es nicht nur wichtig, dass wir eine große Bandbreite an Nahrungsmitteln essen, sondern zu jeder Mahlzeit gehören Nahrungsmittel in verschiedenen Farben, denn jede tut der Gesundheit auf ihre Art etwas Gutes. Dieses Gericht wird den Ärzten gefallen – es deckt so gut wie alles ab. Nehmen Sie unbedingt frischen Brokkoli (er sollte keinesfalls biegsam sein) und die saftigsten Tomaten, die Sie finden können. Servieren Sie Basmatireis dazu; Yeshis Dal (Seite 204) ist eine ausgezeichnete Beilage.

400 g fester Tofu
150 g Brokkoli, ca. ½ Kopf
2 Tomaten
500 ml Kochöl
2 getrocknete rote Chilischoten
2,5 cm Ingwer, gewaschen, mit Schale, fein gestiftelt
2 große Knoblauchzehen
1 EL helle Sojasoße
1 EL Sesamöl
Salz

VEGAN

Tofu abtropfen lassen und in fingergroße Streifen schneiden. Brokkoli waschen und in mundgerechte Stücke schneiden. Auch die Strünke sind köstlich (sie bleiben knackig und besitzen eine wundervolle Süße); lediglich die äußere harte Schale entfernen, in Scheiben schneiden und mitverwenden. Tomaten halbieren und in Spalten schneiden.

Das Öl in einem Wok auf hoher Stufe erhitzen. Nach 3–4 Minuten die Hitze prüfen; dazu ein Stückchen Tofu in den Wok stippen oder legen. Wenn es sofort zischt, kann der Rest auch hinein, wenn nicht, das Öl noch etwas länger erhitzen und noch einmal testen. Den Tofu vorsichtig alle paar Minuten im Öl umrühren und frittieren, bis er hellbraun wird (ca. 10 Minuten). Mit einem Schaumlöffel herausnehmen und auf Küchenpapier abtropfen lassen. Vorsichtig das Öl bis auf die Menge von 2 EL aus dem Wok gießen. (Das Frittieröl kann man gefiltert und wiederverwenden; erst abkühlen lassen, dann in ein Gefäß abgießen.)

Den Wok wieder stark erhitzen und, wenn das Öl heiß ist, Chilischoten hineingeben, danach den Ingwer und schließlich den Knoblauch. Im Wok schwenken, bis alles Farbe annimmt. Nun den Brokkoli mit Sojasoße und Sesamöl hinzufügen; 4–5 Minuten unter gelegentlichem Umrühren braten. Falls der Wok trocken aussieht oder der Brokkoli nicht recht gar wird, etwas kochendes Wasser hinzugießen.

Sobald der Brokkoli weich, aber noch bissfest ist, den Tofu wieder in den Wok geben und eine Minute kochen, dann die Tomaten hineingeben und kurz für eine Minute aufkochen. Mit Salz abschmecken.

Rindfleisch-Shaptak (Rindfleisch aus dem Wok)

Für 4–6 Portionen

Shaptak heißt gebratenes Fleisch, und in diesem Gericht dreht sich alles um das Fleisch. Traditionellerweise nahm man Yak, doch Rind ist ein guter Ersatz – und da wir sowieso schon beim Ersetzen sind: Nehmen Sie ruhig Hähnchen, falls Sie das lieber mögen. *Shaptak* wird in ganz Tibet gern gegessen, und es gibt viele Variationen, seien Sie mit dem Gemüse also ruhig experimentierfreudig. Wir haben uns für Chinakohl entschieden, aber Paprikaschoten passen auch sehr gut und sind zudem bunter. Falls Sie Staudensellerie mögen: Mit seiner Textur und seinem Aroma kann man ebenfalls gut arbeiten.

Reis passt gut zu *Shaptak*, aber *Tingmo* (gedämpftes Brot, Seite 167) gibt es traditionell dazu. Dieses gedämpfte Brot saugt alle Säfte auf, die hoffentlich sehr aromatisch sind, egal, welches Fleisch oder Gemüse Sie gewählt haben. Couscous oder Weizenbulgur kann man auch gut dazu essen – auch sie nehmen die Soße schön auf.

1 Chinakohl, ca. 500 g
2 getrocknete rote Chilischoten
3 EL Kochöl
2 frische grüne Chilischoten, dünn geschnitten
2 große Knoblauchzehen, dünn geschnitten
4 cm Ingwer, gewaschen, mit Schale, dünn geschnitten
500 g Rumpf- oder Hüftsteak oder aus der Oberschale vom Rind, in lange, dünne Streifen geschnitten
1 ½ TL Salz
½ TL Szechuanpfefferkörner (*Yerma*), zerstoßen
1 EL Sesamöl
1 EL helle Sojasoße
2 Frühlingszwiebeln/Schalotten, gewaschen, mit grünen Spitzen, dünn geschnitten

Chinakohl waschen und der Länge nach halbieren. Die Hälften schräg in dünne Streifen schneiden und in eine Schüssel geben.

Getrocknete Chilischoten auf ein Schneidebrett legen und draufdrücken, sodass sie ein wenig auseinanderbrechen, dann in feine Streifen schneiden.

Das Öl in einem großen Wok auf mittlerer bis hoher Stufe erhitzen. Sobald es heiß ist, die getrockneten und die frischen Chilischoten hineingeben und schnell rühren, bis sie dunkler werden; nun Knoblauch und Ingwer hinzugeben. Nach einer Minute, wenn Knoblauch und Ingwer schon etwas Farbe angenommen haben, die Zwiebel hinzugeben und mehrere Minuten weiter unter Rühren braten, bis die Zwiebel goldbraun ist.

Nun Rindfleisch, Salz und Szechuanpfeffer hinzugeben. 6–7 Minuten scharf anbraten. Stellt man fest, dass kein Fleischsaft austritt (das kann bei gröber geschnittenem Fleisch passieren), für ca. eine Minute den Deckel auflegen und auf diese Weise etwas nachhelfen. Wenn der Saft ausgetreten und wieder aufgesogen ist, den Chinakohl hinzugeben, danach Sesamöl und Sojasoße. Alles gründlich umrühren, dann die Hitze auf hohe Stufe stellen und ca. 5 Minuten unter Umrühren braten; dabei aufpassen, dass das Gemüse nicht verkocht.

Mit den Frühlingszwiebeln garnieren und servieren.

Tomaten und Ei aus dem Wok

Für 2 Portionen als Hauptgericht oder für 4 Portionen als eins von mehreren gemeinsam verzehrten Gerichten
Huhn zu essen ist für Tibeterinnen und Tibeter nicht üblich, Hühner zu halten hingegen schon. Yeshi sagt, sie seien ganz hervorragende Wecker und wunderbare Hofgenossen. In vielen Teilen Tibets isst man keine Eier, in Yeshis Dorf hingegen werden sie in der Küche gern verarbeitet.

Dieses Gericht ist richtiges Soulfood und schmeckt köstlich mit Reis und etwas grünem Gemüse als Beilage. Yeshi empfiehlt Spitzkohl aus dem Wok (Seite 84) oder Pak Choi mit Wolkenohrpilzen (Seite 99). *Tingmo* (gedämpftes Brot, Seite 167), *Balep* (tibetisches Fladenbrot, Seite 171) oder unser luftiges Riesenzupfbrot (Seite 175) passen auch gut dazu.

6 Eier
½ TL Salz
2 EL Kochöl
4 Tomaten, gewürfelt
schwarzer Pfeffer
1 TL helle Sojasoße
1 TL schwarzer Chinkiang-Essig
Frühlingszwiebelgrün (Schalottengrün), in Ringe geschnitten, zum Garnieren

VEGETARISCH

Die Eier in eine Schüssel aufschlagen, Salz hinzugeben und gründlich verquirlen. Einen Wok auf hoher Stufe aufsetzen und das Öl hineingeben. Wenn es anfängt zu rauchen, die verquirlten Eier vorsichtig eingießen und von einer Seite braten, bis sie gerade fest werden; dabei immer wieder das Gebratene mit einem Spatel zur Seite schieben und flüssiges Ei nachfließen lassen, wie beim Omelette. Eimasse mit einem Spatel wenden und von der anderen Seite braten, bis sie eine hellgoldene Farbe hat. Gebratene Eimasse auf einen Teller geben und beiseite stellen.

Tomaten in den Wok geben, mit etwas schwarzem Pfeffer würzen und gründlich umrühren, dann ein paar Minuten braten lassen, bis sie etwas weich sind.

Die Eier wieder in den Wok geben. Mit dem Spatel die Masse zerteilen und unter die Tomaten mischen. Wenn die Eier durcherhitzt sind, Sojasoße und Essig hinzugeben und gut umrühren. Zum Servieren mit Frühlingszwiebelgrün garnieren.

Junge Auberginen mit Chili aus dem Wok

Für 4 Portionen

In dem Sommer vor seiner Abreise aus Tibet verbrachte Yeshi einige Monate auf dem Bauernhof seines Onkels und erntete Orangen und Wassermelonen. Auf diesem Hof wurde vieles angebaut, was er noch nie gesehen hatte, unter anderem Auberginen. Dieses Gemüse lernte er in dieser Zeit sehr gut kennen. Sein Cousin kochte immer dieses besondere Gericht, das ein echtes Lieblingsessen wurde. Junge Auberginen eignen sich am besten, weil ihre Haut weicher ist und sie daher nicht so lange kochen müssen. Verlängern Sie eventuell die Kochzeit ein wenig, falls Sie nur größere Auberginen bekommen können.

Servieren Sie die Auberginen mit Basmatireis oder Brot, zum Beispiel *Numtak Balep* (frittiertes Frühstücksbrot, Seite 40) oder *Balep* (tibetisches Fladenbrot, Seite 171).

500 g junge Auberginen (ca. 5–6 Stück, bei größeren Auberginen weniger)
2 EL Kochöl
1 große Knoblauchzehe, dünn geschnitten
2,5 cm Ingwer, gewaschen, mit Schale, fein gestiftelt
2–3 frische grüne Chilischoten, dünn geschnitten, mit Kernen
1 ½ TL Salz

VEGAN

Die Auberginen waschen, dann leicht schräg in dünne Scheiben schneiden.

Einen Wok auf hoher Stufe aufsetzen und das Öl hineingeben. Wenn es anfängt zu rauchen, Knoblauch und Ingwer hineingeben und kurz unter Umrühren anbraten, dann die Chilischoten hineingeben und ca. einer Minute weiterbraten.

Nun die Hitze auf mittlere Stufe verringern, die Auberginen in den Wok geben und gut umrühren; Salz hinzugeben und 8–10 Minuten unter gelegentlichem Umrühren braten lassen. Mit Deckel oder Folie lässt sich die Kochzeit um einige Minuten verkürzen. Ab und zu kontrollieren, dass nichts ansetzt oder anbrennt.

Wenn die Auberginen langsam weich werden, die Hitze auf niedrige Stufe reduzieren und weitere 3–5 Minuten garen. Die Auberginen werden ein wenig dunkel, und wenn sie gar sind, sollten sie nicht bissfest, sondern sehr weich und samtig sein.

Knoblauchsprossen aus dem Wok

Für 4 Portionen

Yeshis Familie baut auf den Feldern neben dem Haus Knoblauch an. Wenn das Knoblauchgrün gerade aus dem Boden schaut, schneiden sie die langen, dünnen Blütentriebe der Pflanze ab, damit die Knollen größer werden können. Diese zarten, jungen Sprossen sind essbar und verleihen Salaten, Suppen und Soßen ein zartes Knoblaucharoma. Man kann sie wie Schnittlauch verwenden.

Man kann sie aber auch im Wok zubereiten – der lebendig-frische Geschmack des beginnenden Frühlings! Wer mag, kann etwas Fleisch dazutun und es kurz vor den Knoblauchsprossen in den Wok geben. Speck (geräuchert oder ungeräuchert) passt großartig dazu und bereichert das Gericht um eine Extraportion Textur und Geschmack.

2 EL Kochöl
400 g Knoblauchsprossen
½ EL helle Sojasoße

VEGAN

Die Knoblauchsprossen waschen und in 2,5 cm große Stücke schneiden.

Das Öl auf hoher Stufe in einem Wok erhitzen und, sobald es raucht, die Knoblauchsprossen hineingeben und ein paar Minuten unter Umrühren anbraten. Die Sojasoße hinzugeben und alles gründlich vermischen. Die Hitze auf mittlere Stufe verringern und weitere 2 Minuten garen oder bis die Knoblauchsprossen weich sind, dann servieren.

Yeshi sagt: »Knoblauchsprossen sind in allen Arten von Gerichten ein köstlicher Ersatz für Bohnen, Spargel usw. Sie werden bald süchtig sein. Im Spätfrühling und Frühsommer sieht man sie manchmal auf dem Markt. Gut erhältlich sind sie im Asia-Markt; eventuell heißen sie dort anders. Einfach fragen.«

Pak Choi mit Wolkenohrpilzen

Für 2–4 Portionen

Wolkenohrpilze (auch Judasohren oder Schwarze Pilze) schätzt man in Yeshis Ecke von Tibet sehr. Dieser Speisepilz wächst an Bäumen und wird in den ersten Regengüssen der Saison um den Monat Juni herum gesammelt. Etwa eine Woche lang wird er auf Bambusgestellen in der Sonne getrocknet und kann anschließend jahrelang, wenn nicht ewig, aufbewahrt werden.

Tibeter lieben den Wolkenohrpilz wegen seiner glatten, knackigen und gallertartigen Textur; man sagt ihm auch eine verdauungsfördernde Wirkung nach. Er schmeckt herrlich in Salaten und Eintöpfen sowie in Wok-Gerichten wie diesem, mit Pak Choi. Erhältlich ist er in den meisten Asia-Supermärkten, und zwar getrocknet und abgepackt. Er muss vor der Verwendung eingeweicht werden.

20 g getrocknete Wolkenohrpilze
3 Köpfe Pak Choi,
insgesamt ca. 300 g
2 EL Kochöl
1–2 getrocknete rote Chilischoten
3 große Knoblauchzehen,
dünn geschnitten
1 TL Salz
1 EL helle Sojasoße
½ TL Szechuanpfefferöl oder
¼ TL Szechuanpfefferkörner
(*Yerma*), zerstoßen
Koriandergrün zum Garnieren

VEGAN

Wolkenohrpilze in einer Schüssel mit warmem Wasser mindestens 30 Minuten einweichen oder bis sie weich geworden sind. Dann jedes Stück im Wasser zwischen den Fingern reiben und in kleinere Stücke reißen; diese immer gleich in ein Sieb geben. Unter fließendem kalten Wasser gründlich abspülen.

Pak Choi halbieren und schräg über die Breite in dünne Streifen schneiden (unten beginnen). In ein Sieb geben und gründlich waschen.

Das Öl in einem Wok auf hoher Stufe erhitzen. Sobald es heiß ist, die Chilischoten hineingeben und brutzeln lassen, bis sie braun sind; gut aufpassen, denn sie werden schnell schwarz. Knoblauch hinzufügen und ca. einer Minute unter Umrühren anbraten.

Wolkenohrpilze in den Wok geben und kurz umrühren, dann Salz hinzufügen und 3–4 Minuten unter Umrühren braten. Zum Schluss Pak Choi, Sojasoße und Szechuanpfefferöl oder Pfeffer hinzugeben, die Hitze auf mittlere bis hohe Stufe verringern und 5 Minuten lang schön rühren.

Mit Koriander garnieren und servieren.

Rindfleisch und Zucchini aus dem Wok

Für 4 Portionen

Der Zucchino ist kein Gemüse, mit dem Yeshi aufgewachsen ist, und in Tibet hätte er dieses Gericht vermutlich mit Kartoffeln oder Daikonrettich gekocht, aber Zucchini passen hier optisch und von ihrer Textur wirklich gut, denn sie geben beim Garen viel aromatischen Saft ab. Experimentieren Sie, welche Gemüsesorten Ihnen bei dieser Wok-Zubereitung am besten schmecken. Servieren Sie dazu Basmatireis, *Tingmo* (gedämpftes Brot, Seite 167) oder luftiges Riesenzupfbrot (Seite 175) zum Auftunken der Soße.

500 g Rumpsteak
2 Zucchini, insgesamt ca. 500 g
2 EL Kochöl
4 cm Ingwer, gewaschen, mit Schale, fein gestiftelt
2 große Knoblauchzehen, dünn geschnitten
2 große frische grüne Chilischoten, dünn geschnitten, ohne Kerne
1 TL weißer Essig
Frühlingszwiebelringe/Schalotten zum Garnieren

Für die Marinade

2 große Knoblauchzehen, fein gehackt
1 TL dunkle Sojasoße
½ TL Salz
etwas schwarzer Pfeffer

In einer Schüssel die Zutaten für die Marinade miteinander verrühren. Steak in etwa 4 cm lange Streifen schneiden, in die Schüssel geben und gründlich vermengen. Zudecken und bei Zimmertemperatur 15–20 Minuten marinieren.

Die Zucchini schräg in Scheiben und diese in feine Streifen schneiden. Beiseite stellen.

Das Öl in einem Wok auf hoher Stufe erhitzen. Sobald es heiß ist, Ingwer, Knoblauch und Chilischoten hineingeben. Wenn sie etwas braun sind, das marinierte Steakfleisch hinzufügen und 3–4 Minuten eifrig rühren.

Zucchini in den Wok geben, dann den Essig, anschließend 2–3 Minuten weiterrühren. Sollte der Wok trocken aussehen, einen Spritzer kochendes Wasser hinzugeben, damit das Gericht auch etwas Saft hat.

Mit Frühlingszwiebeln garnieren und servieren.

Yeshi sagt: »Sojasoße muss hier nicht unbedingt sein, sie verleiht der Marinade lediglich eine schöne dunkle Farbe. Wenn Sie auf Gluten verzichten müssen, können Sie eine glutenfreie Sojasoße nehmen oder sie ganz weglassen (in diesem Fall möchten Sie vielleicht etwas Ingwer und eine Prise Salz zusätzlich für den Geschmack hinzugeben).«

Reibekartoffeln aus dem Wok

Für 4–6 Portionen

Als Yeshi nach Großbritannien kam, war er überrascht, dass Kartoffeln genau wie Nudeln, Reis oder Brot als Grundnahrungsmittel galten. In der tibetischen Küche werden Kartoffeln zwar oft verwendet, man sieht in ihnen aber kein eigenständiges Gericht und keine ordentliche Beilage. Diese Reibekartoffeln werden normalerweise mit Reis und anderen gemeinsam verzehrten Speisen wie Pak Choi oder Kohl serviert. Wir nennen sie zu Hause »tibetische Pommes«. Da wir aber ja immer noch Reis dazu essen, werden die Kinder nicht ganz und gar zum Narren gehalten.

3–5 weiße oder rote Kartoffeln, ca. 800 g insgesamt
3 EL Kochöl
3 getrocknete rote Chilischoten
2 große Knoblauchzehen, fein gestiftelt
2,5 cm Ingwer, gewaschen, mit Schale, fein gestiftelt
1 TL schwarzer Chinkiang-Essig
1 EL helle Sojasoße
1 TL Salz
1 EL Sesamöl
Frühlingszwiebelringe/ Schalottenringe zum Garnieren

VEGAN

Die Kartoffeln waschen und je nach Belieben schälen oder ungeschält lassen. Mit einem scharfen Messer in Streifen schneiden, die nur wenig dicker als Streichhölzer sind. Alternativ die Kartoffeln mit einer Reibe (die größten Löcher verwenden) oder in einer Küchenmaschine grob reiben. In eine große Schüssel umfüllen, diese mit kaltem Wasser füllen und die Kartoffeln im Wasser spülen.

Etwa 1,5 l Wasser in einen großen Topf zum Kochen bringen, die Kartoffeln mit den Händen aus der Schüssel in das kochende Wasser befördern und ca. 3 Minuten blanchieren oder bis sie nicht mehr roh sind, aber noch Biss haben.

In der Zwischenzeit das Öl in einem Wok auf hoher Stufe erhitzen. Sobald es heiß ist, die Chilischoten hineingeben und im Öl bewegen, bis sie eine Nuance dunkler sind. Knoblauch und Ingwer hinzugeben und unter Umrühren goldbraun anbraten (falls die Kartoffeln noch nicht so weit sind, den Wok vom Herd nehmen, damit nichts anbrennt).

Kurz bevor die Kartoffeln fertig sind, einen Wok auf hoher Stufe heiß werden lassen. Wenn die Kartoffeln fertig sind, diese in ein Sieb abgießen und dann in den heißen Wok geben. Auf hoher Stufe kräftig umrühren, dann Essig und Sojasoße dazugießen und unterrühren. Nun Salz und Sesamöl hinzugeben und unter gelegentlichem Umrühren 3–4 Minuten kochen. Die Kartoffeln kosten: Wenn sie noch nicht ganz gar sind, bekommen sie noch einer Minute.

Auf einen Servierteller geben und mit Frühlingszwiebelringen garnieren.

Brokkoli aus dem Wok

Für 4 Portionen
Wir haben dieses Gericht mit ins Buch genommen, weil es etwas von einer Offenbarung hat. Als Yeshi nach Großbritannien kam, war er bestürzt über die Art und Weise, wie die meisten von uns Gemüse zubereiten und es quasi totkochen, vor allem, da er Kochen als Zubereitungsart für Gemüse vorher gar nicht kannte.

Vielleicht ist dies ein Grund, warum Brokkoli in Großbritannien als Gemüse keinen so guten Ruf hat. Gekochter (und oft verkochter) Brokkoli verliert seinen natürlichen Saft und den knackigen Biss, wird er aber mit Knoblauch und Sojasoße – und vielleicht noch etwas Chili, wenn Sie mögen – im Wok zubereitet, wird er zu einem kulinarischen Erlebnis. Diese Methode kann für grünes Gemüse aller Art verwendet werden, und wir raten Ihnen dringend, es mit grünen Bohnen, Pak Choi und so weiter zu versuchen. Denken Sie daran, dass die Kochzeit womöglich angepasst werden muss, damit man zartem oder festem Gemüse gerecht wird.

Wir servieren dieses Gericht bei Taste Tibet, und es bereitet uns größtes Vergnügen, Menschen für ein unterschätztes Gemüse zu gewinnen, das, angerichtet neben Momos und mehr, Farbe und Freude bringt.

400 g Brokkoli
2–3 getrocknete rote Chilischoten
2 EL Kochöl
3 Knoblauchzehen, dünn geschnitten
1 EL helle Sojasoße

VEGAN

Den Brokkoli in kleine Röschen zerteilen, manche mit langen Stielen; unbedingt auch die Strünke verwenden (lediglich die harte äußere Schale entfernen und den Strunk in feine Scheiben schneiden) – sie sind köstlich süß. Den gesamten Brokkoli sorgfältig waschen.

Chilischoten auf einem Schneidebrett etwas zerdrücken, nur so viel, dass sie leicht aufbrechen. Das Öl in einem Wok auf mittlerer Stufe erhitzen, bis es anfängt zu rauchen, dann die Chilischoten hineingeben und 20–30 Sekunden bewegen, bevor der Knoblauch hinzukommt. Chili und Knoblauch im Öl etwas braun werden lassen; den Wok auf eine Seite neigen, damit sie das Beste vom Öl bekommen und nicht schwarz werden.

Nun den Brokkoli hineingeben und eifrig rühren, anschließend folgt die Sojasoße. Sollte der Wok trocken aussehen, für mehr Saft 3–4 EL Wasser hinzugeben. Wenige Minuten lang gut umrühren, dann die Hitze etwas herunterstellen und für 2 Minuten Deckel (oder Folie) auflegen, damit der Brokkoli beim Braten Dampf entwickelt. Die Garzeit für den Brokkoli sollte insgesamt 5–6 Minuten betragen; sollte er für Ihren Geschmack dann jedoch noch zu bissfest ist, noch 1 oder 2 Minuten weitergaren.

Die Chilischoten muss man zum Servieren nicht herausnehmen – nur aufpassen, dass man sie nicht mitisst!

Nudeln, Suppen und Eintöpfe

Dieses Kapitel ist das eigentliche Herzstück unseres Buches. Nudeln, Suppen und Eintöpfe sind die Alltagsmahlzeiten in Tibet. Jahrhundertelang haben die Tibeter auf diese Gerichte als Energielieferanten in kaltem Wetter gebaut, ganz besonders auf Nudeln. *Thenthuk* ist das beliebteste Nudelgericht, eine Suppe mit handgezogenen Nudeln, die üblicherweise zum Abendessen serviert wird. Auch Suppen und Eintöpfe isst man im Allgemeinen am Abend, denn sie gelten als leicht, aber wärmend. Bei solchen Wohlfühlgerichten sind die Tibeter unübertroffen.

Wir raten ausdrücklich dazu, Nudeln einmal selbst zu machen, auch wenn es das erste Mal ist. Lassen Sie sich nicht von der Länge mancher Rezepttexte abschrecken! In Tibet wird jedes Nudelgericht ein wenig anders zubereitet, und wir wollten die diversen Tricks und Techniken mit Ihnen teilen. Wenn Sie aber eine Methode finden, die für Sie prima funktioniert, dann arbeiten Sie ruhig immer damit. Seien Sie nicht zu streng mit sich (nichts muss perfekt sein), und planen Sie viel Zeit ein. Zum Ausrollen des Nudelteigs braucht man etwas Übung, aber es ist kein Hexenwerk, und von Hand gemacht sind die Ergebnisse doch immer am besten.

Als wir unser Haus in Oxford bezogen, bestand eine von Yeshis ersten Handlungen darin, in der Küche ein Stück von der hölzernen Theke abzusägen, um Platz für den Kühlschrank seiner Träume zu schaffen. Im Zuge dessen bescherte er sich selbst ganz unerwartet das größte hölzerne Schneidebrett der Welt. Praktisch! In einer perfekten Welt besäßen wir alle ein Brett in dieser Größe – aber keine Sorge, Sie können auch Nudeln herstellen, ohne Ihre Küchentheke zu zersägen. Teilen Sie den Teig einfach in Portionen auf und rollen Sie ihn, falls notwendig, direkt auf der Arbeitsfläche aus.

Für Nudelteig ist es wichtig, Weißmehl Type 812 mit hohem Glutengehalt zu verwenden. Gluten macht den Teig elastisch und trägt zu dieser schönen bissfesten Textur von Nudeln bei. Nebenbei bemerkt, wir haben in keinem dieser Rezepte eine Nudelmaschine zum Ausrollen verwendet, denn Yeshi hatte im Grunde nie eine, und es ist auch wohltuend puristisch, wenn man alles von Hand macht. Arbeiten Sie jedoch auf jeden Fall mit einer Nudelmaschine, wenn Sie wollen.

Fühlen Sie sich bei den Brühen ganz frei und gehen Sie spielerisch mit den Zutaten um, das tun die Tibeter auch. Allgemein gesagt, ist Wurzelgemüse köstlich in Eintöpfen und Suppen, und es ist immer schön, wenn man gegen Ende der Kochzeit frisches Blattgemüse hinzugeben kann. Pak Choi, Wasserspinat, Senfkohl und chinesischer Brokkoli sowie der gute alte Spinat, alle kann man dafür nehmen, probieren Sie also alles aus, was Sie mögen, und halten Sie am Tisch schwarzen Chinkiang-Essig, helle Sojasoße, Chili usw. bereit.

Und vergessen Sie abschließend nicht, dass Reste den Ausgangspunkt für einfache Suppen bilden können, insbesondere das Wasser zum Nudelkochen oder zum Dämpfen von Brot und Momos. Tibeter verwerten dieses Wasser sehr gern wegen seines Nährwerts und des Geschmacks gleichermaßen. Wenn Sie ein wenig ungenutzte Momo-Füllung zur Hand haben oder einen kleinen Rest vom gestrigen Wok-Gericht – diese Zutaten können oft schnell zu aromatischen Suppen zusammengefügt werden; sie fördern die Verdauung und wärmen das Herz! In Tibet werden solche Suppen oft als Beilage zu trockeneren Gerichten wie Momos, Bratreis oder Bratnudeln gereicht.

Gemüse-Thukpa (Gemüsesuppe mit Nudeln)

Für 4–6 Portionen

Yeshi beschreibt dies als »einfaches Fastfood« – wir hoffen, dass Sie das Nachkochen ebenfalls einfach finden. Dieses Gericht kann die Grundlage für eine noch stärker gewürzte Suppe sein, je nachdem, wie weit Sie gehen wollen und wie viel Soja und Essig Sie zusätzlich hineingeben mögen. Und Chili, natürlich. Auch für andere zusätzliche Zutaten ist der Spielraum groß. Karottenscheibchen schmecken gut, und wir braten oft ein kleines Omelette in einer kleinen Bratpfanne, schneiden es in Streifen und geben diese direkt vor dem Servieren in jede Schale.

Salz
2 EL Kochöl
2 große Knoblauchzehen, dünn geschnitten
400 g Pak Choi, gewaschen und grob zerkleinert
1 EL Sesamöl
1 EL helle Sojasoße plus Sojasoße zum Servieren
1 EL schwarzer Chinkiang-Essig plus Essig zum Servieren
½ TL Szechuanpfefferkörner (*Yerma*), zerstoßen
3 Frühlingszwiebeln/Schalotten, gewaschen und dünn geschnitten
Taste Tibet-*Sepen* (Seite 188) und *Son Labu* (tibetischer eingelegter Daikonrettich, Seite 71) zum Servieren – optional

Für die Nudeln
500 g Weißmehl 812 plus Mehl zum Bestäuben
3 große Eier aus Freilandhaltung

VEGETARISCH

Für die Nudeln das Mehl in eine Schüssel geben und die Eier aufschlagen. Mit einer Hand die Eier mit dem Mehl vermischen und zugleich mit der anderen Hand langsam ca. 100 ml warmes Wasser (je nach verwendetem Mehl eventuell etwas mehr) zugießen. Den Teig in der Schüssel zu einer Kugel verarbeiten, zudecken und ca. 15 Minuten beiseite stellen.

Den Teig herausnehmen und ca. einer Minute kneten, bis er geschmeidig ist, dann in 4 ungefähr gleich große Stücke aufteilen. 3 Stücke wieder in die Schüssel geben und zudecken.

Das erste Teigstück mit einer Teigrolle auf einer bemehlten Arbeitsfläche ausrollen. Fest aufdrücken, das Teigstück immer wieder drehen und wenden, bis es großflächig, ungefähr kreisrund und 2–3 mm dick ausgerollt ist. Zum Schluss etwas Mehl auf den Teig streuen und den Teig, an einer Seite beginnend, ganz auf die Teigrolle aufrollen.

Nun die Teigrolle herausziehen; es bleibt ein hohler Teigzylinder. Mit einem scharfen Messer diesen Zylinder schräg in Scheiben schneiden. Die Breite der Scheiben bestimmt, wie dick die Nudeln sein werden – es ist gut, die Breite eines Essstäbchens anzupeilen.

Die fertigen Nudeln mit noch etwas Mehl bestäuben, mit beiden Händen hochheben und aufschütteln, bis alle gut bemehlt sind und man sie voneinander lösen kann. Nudeln in eine Schüssel geben und mit den restlichen Teigkugeln wiederholen.

Fortsetzung auf der nächsten Seite >

Zum Nudelkochen in einem großen Topf 2,5 l Wasser zum Kochen bringen. Wenn das Wasser kocht, 1 TL Salz und die Hälfte der Nudeln hineingeben. Sehr vorsichtig umrühren, idealerweise mit Essstäbchen, dann die restlichen Nudeln hinzugeben und ebenfalls sehr behutsam umrühren; sie sollen dabei nicht reißen. Die Nudeln ca. 5 Minuten kochen lassen, dann eine Nudel kosten und prüfen, ob sie gar ist. Die fertigen Nudeln vom Herd nehmen, aber nicht abgießen.

In der Zwischenzeit einen Wok auf hoher Stufe erhitzen. Das Öl hineingeben. Sobald es heiß ist, die Hitze auf niedrige bis mittlere Stufe verringern und den Knoblauch hineingeben. Er sollte in weniger als einer Minute goldbraun werden, dann den Pak Choi hinzufügen und ca. eine Minute schnell rührend anbraten. Nun Sesamöl, Sojasoße, Essig und 1 TL Salz hinzugeben. Noch 1–2 Minuten weiterrühren oder bis das Gemüse weich und zusammengefallen ist und den Saft in den Wok abgegeben hat.

Den Wok-Inhalt vorsichtig in den Topf mit Nudeln befördern; dabei Gemüsereste im Wok mit ein wenig Nudelwasser ebenfalls in den Topf spülen. Behutsam alles miteinander verrühren, in großen Schalen servieren und mit den Frühlingszwiebeln garnieren. Falls ein Chili-Kick gewünscht ist, etwas ***Sepen*** hinzugeben sowie nach Geschmack noch etwas Sojasoße oder Essig.

Mit einer kleinen Schale eingelegtem Daikonrettich als Beilage servieren, falls Sie welchen im Kühlschrank haben.

Nudelsuppe mit Rindfleisch und Speck

Für 4–6 Portionen

Diese super wärmende und aromatische Suppe essen wir zu Hause häufig. In Tibet würde sie mit Yakfleisch und getrocknetem Schweinefleisch zubereitet. Yeshi findet, dass er dem von allem, was er außerhalb seiner Region findet, mit Rindfleisch und Speck am nächsten kommt. Geräucherter Schinken ist auch ein guter Ersatz für das getrocknete Schweinefleisch. Das Schweinefleisch wird in Tibet allerdings nicht absichtlich geräuchert. Es wird in der Nähe des Feuers zum Trocknen aufgehängt, und dort nimmt es ganz natürlich das Aroma auf; vom Rauch wird es schwarz und muss vor der Verwendung abgewaschen werden.

2 EL Kochöl
2 große Knoblauchzehen, dünn geschnitten
2,5 cm Ingwer, gewaschen, mit Schale, fein gestiftelt
1 kleine rote Zwiebel, dünn geschnitten
200 g geräucherter Speck, ca. 10 Streifen, Rücken- oder Bauchspeck, in kleine Stücke geschnitten
200 g Rumpsteak (am besten dry-aged) oder Rindfleisch aus der Oberschale, gewürfelt
1 TL Salz
¼ TL Szechuanpfefferkörner (*Yerma*), zerstoßen
6 Frühlingszwiebeln/Schalotten, gewaschen, mit grünen Spitzen, dünn geschnitten
Taste Tibet-*Sepen* (Seite 188), schwarzer Chinkiang-Essig und Sojasoße zum Servieren

Für die Nudeln

500 g Weißmehl Type 812 plus Mehl zum Bestäuben
2 Eier
2 TL Olivenöl

Für die Nudeln das Mehl in eine Schüssel geben und die Eier aufschlagen. Mit einer Hand die Eier mit dem Mehl vermischen und zugleich mit der anderen Hand langsam ca. 200 ml warmes Wasser zugießen. Nicht das gesamte Wasser auf einmal hineingießen, falls es zu viel für den Teig ist – am besten in kleinen Schritten. Den Teig in der Schüssel zu einer Kugel verarbeiten, zudecken und ca. 15–20 Minuten beiseite stellen.

In der Zwischenzeit das Kochöl in einen Wok geben und auf hoher Stufe aufsetzen. Sobald es heiß ist, Knoblauch und Ingwer hineingeben und kurz unter Umrühren anbraten, dann die Zwiebel hinzufügen und goldbraun braten. Nun den Speck in den Wok geben und nach einigen Minuten Rindfleisch, Salz und Szechuanpfeffer; alles ca. 5 Minuten anbraten. Deckel auflegen und 2 Minuten weiterbraten. Überprüfen, dass das Fleisch nicht ansetzt – der Fleischsaft wird wieder aufgesogen sein, und es soll nichts anbrennen. Etwa 500 ml kochendes Wasser zugießen und die Hitze auf niedrige Stufe stellen. Deckel auflegen und alles ca. 15 Minuten simmern lassen oder bis das Rindfleisch nach Wunsch gekocht ist (falls die Nudeln noch nicht fertig sind, wenn die Suppe bereit ist, die Suppe einfach vom Herd nehmen und stehen lassen).

Den Teig aus der Schüssel nehmen, das Olivenöl abmessen und in die leere Schüssel geben. Den Teig auf einer mit Mehl bestäubten Arbeitsfläche gründlich kneten, bis er geschmeidig ist. In 3 gleich große Teile schneiden. Sollte sich der Teig irgendwie klebrig anfühlen, die Finger mit dem Öl in der Schüssel benetzen, dann jedes Teigstück zu einer Kugel rollen.

Fortsetzung auf der nächsten Seite >

Eine Kugel mit einer Teigrolle ausrollen und dabei drehen und wenden, bis der Teig ca. ½ cm dick ist. Falls er an der Arbeitsfläche klebt, diese etwas bemehlen. Mit den beiden anderen Teigkugeln wiederholen.

In einem großen Topf Wasser zum Kochen bringen, dann herunterstellen auf ein leises Köcheln.

Mit einem scharfen Messer die ausgerollten Teigplatten von oben nach unten in etwa 1 cm breite Nudelstreifen schneiden. Die Finger mit etwas Öl aus der Schüssel einfetten und die Nudeln einzeln dehnen: Mit beiden Händen auseinanderziehen, bis sie sehr lang und dünn sind. Dann die Nudeln in den Topf mit köchelndem Wasser geben. Mit den restlichen Nudeln fortfahren.

Wenn alle Nudeln im Topf sind, die Hitze wieder hochstellen und gut umrühren. Ungefähr 3 Minuten kochen lassen, damit sie auch sicher gar sind.

In der Zwischenzeit den Wok wieder auf mittlerer Stufe aufsetzen, Frühlingszwiebel hineingeben und ca. eine Minute kochen; danach vom Herd nehmen.

Die Nudeln vom Herd nehmen, aber nicht abgießen. Mit einer Zange herausnehmen und in die Schalen füllen, anschließend die Suppe aus dem Wok über die Nudeln schöpfen. Direkt in jede Schale etwas ***Sepen*** geben (oder dazustellen) und nach Belieben schwarzen Essig und Sojasoße nehmen.

Yeshi sagt: »Machen Sie sich keine Sorgen, weil einige Nudeln länger kochen als der Rest. Sie werden staunen, dass – anders als bei getrockneter Pasta – nichts verkocht. Entspannen Sie sich also und nehmen Sie sich Zeit für die Nudeln.«

Rindfleisch Thenthuk (Rindfleisch mit handgezogenen Nudeln)

Für 4 Portionen

Dies ist das erste Gericht, das Yeshi je für mich gekocht hat, und es schmeckt heute genauso gut wie damals in seinem eiskalten Zimmer in einem Betonbau oben in den Ausläufern des Himalayas. Man muss kein Genie sein, um herauszufinden, warum diese traditionelle Nudelsuppe in der ganzen Region so beliebt ist und so gern gegessen wird. Sie besänftigt Hände und Bauch, und ihre weichen Texturen explodieren mit den reichhaltigen Aromen von Fleisch und Knoblauch. Auf Tibetisch bedeutet *Then* »ziehen« und *Thuk* »Nudeln«: Diese Nudeln werden aus langen Weizenteigstreifen gerissen oder »gezogen« und gegen Ende des Kochprozesses direkt in die Brühe geworfen. Das Gemüse in diesem Gericht kann ganz nach Belieben gegen anderes Gemüse ausgetauscht werden. Als Grundregel gilt: Wurzelgemüse muss länger kochen, während Blattgemüse gegen Ende hinzugegeben werden sollte. Nehmen Sie Karotten statt Daikonrettich, falls sie leichter erhältlich sind, oder Pak Choi statt Spinat.

2 EL Kochöl
2 große Knoblauchzehen, dünn geschnitten
1 rote Zwiebel, dünn geschnitten
2 TL Salz
2 Tomaten, gewürfelt
300 g Rindfleisch aus der Oberschale, gewürfelt
½ Daikonrettich, ca. 250 g, gewaschen, mit Schale, dünn geschnitten
schwarzer Pfeffer
100 g Spinat, gewaschen, grob gehackt
2 TL weißer Essig – optional
1 TL schwarzer Chinkiang-Essig – optional
2 TL helle Sojasoße – optional
1 TL Sesamöl – optional
Schnittlauch, Frühlingszwiebeln/Schalotte oder Koriandergrün, gehackt, zum Garnieren

Für die Nudeln

300 g Weißmehl Type 812 plus Mehl zum Bestäuben
1 Ei

Für die Nudeln das Mehl in eine Schüssel geben und das Ei aufschlagen. Mit einer Hand das Ei ins Mehl mischen und zugleich mit der anderen Hand langsam ca. 100 ml warmes Wasser zugießen. Aufpassen, dass Sie das Mehl nicht »fluten« – es soll ein recht fester Teig werden. Wenn eine schöne feste Teigkugel in der Schüssel liegt, diese zudecken und für 15–20 Minuten beiseite stellen.

In der Zwischenzeit das Öl in einem großen Topf oder Wok auf hoher Stufe erhitzen. Sobald es heiß ist, Knoblauch, Zwiebel und Salz hinzufügen. Unter Umrühren 2 Minuten anbraten, die Tomaten hinzufügen und einige Minuten braten; dann das Fleisch hinzugeben. Gut umrühren und 3–4 Minuten anbraten, dann Rettich und etwas Pfeffer aus der Mühle hinzufügen. Etwa 3–4 Minuten auf hoher Stufe unter Umrühren braten. 1,5 l kochendes Wasser zugießen, Deckel auflegen und die Brühe 10 Minuten köcheln lassen.

Den Nudelteig aus der Schüssel nehmen und in 2 Teile teilen. Ein Stück wieder in die Schüssel geben und zudecken, das andere zu einer Kugel rollen und mit den Fingern eine kleine Vertiefung in die Mitte drücken.

Die Arbeitsfläche leicht bemehlen. Die Teigkugel mit einer Teigrolle ausrollen, umdrehen und erneut ausrollen. Den Teig weiter wenden und ausrollen, bis er ca. 2–3 mm dick ist. Nun muss er in breite Streifen geschnitten werden: Die Teigrolle dient als Lineal. Mit einem scharfen Messer an der Teigrolle entlang schneiden und die Rolle nach jedem

Fortsetzung auf der nächsten Seite >

Schnitt um ca. 3 cm nach hinten versetzen. Das Ganze mit der anderen Teighälfte wiederholen.

Unmittelbar bevor der Teig in die Brühe gezogen wird, den Spinat hinzugeben. Nun einen Teigstreifen über das Handgelenk einer Hand legen und das Ende fest zwischen Daumen und Zeigefinger halten. Mit der anderen Hand den Teigstreifen langziehen, 2,5–5 cm lange Stücke abkneifen und in die Brühe werfen. Wir sagen absichtlich »werfen«, weil man mit den Händen in einer gewissen Entfernung zur heißen Brühe bleiben muss – kommt man ihr zu nahe, macht der Dampf den Teig klebrig. Alles umrühren und mit den restlichen Teigstreifen wiederholen. Das ist eine Art Daumentraining und dauert eine Weile. Wenn alle Nudeln in der Brühe sind, noch eine Minute kochen.

Eine Nudel kosten und prüfen, ob sie gar ist, dann den weißen Essig einrühren, falls gewünscht. Die ***Thenthuk*** ist köstlich, wie sie ist, geben Sie aber gern Chinkiang-Essig, Sojasoße und Sesamöl nach Geschmack hinzu, wenn Sie mögen. Gut umrühren und in großen Schalen servieren, garniert mit Schnittlauch, Frühlingszwiebel oder Koriandergrün.

Brat-Thenthuk (tibetische Pasta) mit Beisuppe

Für 4 Portionen

Als Yeshi sich in Indien niederließ, lebte er zunächst mit Tibetern aus der ganzen Region zusammen. Sie sprachen sehr verschiedene Dialekte und kochten die verschiedensten Speisen aller Art. Er sah seinen Freunden allzu gern bei der Arbeit in der Küche zu und sammelte dabei neue Gerichte. Brat-*Thenthuk* ist im nordöstlichen Tibet sehr beliebt, und dies ist Yeshis Version. Die Kirschtomaten sind definitiv ein westlicher Einschlag. Sie können mehr Gemüse (junger Mais passt gut) oder Fleisch hinzugeben, wenn Sie das Gericht gern strecken möchten.

Die Beisuppe, ohne die es ein recht trockenes Gericht wäre, soll den Appetit anregen. Falls Sie auf anderem Wege zu diesem Rezept kommen, kann diese einfache Brühe auch mit normalem kochenden Wasser anstelle des Nudelwassers zubereitet werden. Dann sollten Sie ein paar Esslöffel Haferflocken (Porridgeflocken) mit in den Topf geben, damit die Suppe ähnlich milchig wird.

½ rote Zwiebel
2 EL Kochöl
2 große Knoblauchzehen, dünn geschnitten
½ TL Salz
200 g braune Champignons, sauber abgewischt, dünn geschnitten
2 Köpfe Pak Choi, insgesamt ca. 200 g
1 TL schwarzer Chinkiang-Essig
1 TL helle Sojasoße
1 TL Sesamöl
½ TL schwarze Pfefferkörner, zerstoßen
½ TL Chilipulver – optional
1 Frühlingszwiebel/Schalotte, gewaschen, mit grünen Spitzen, dünn geschnitten
10–12 Kirschtomaten, halbiert – optional
Parmesan zum Servieren

Für die Nudeln
2 große Eier
½ TL Salz
300 g Weißmehl Type 812 plus Mehl zum Bestäuben

Für die Nudeln die Eier in eine Schüssel geben, Salz und 100 ml warmes Wasser hinzugeben und mit einer Gabel gründlich verrühren. Das Mehl hinzugeben und alles mit der Hand vermischen und verbinden, dann in der Schüssel ein paar Minuten gut durchkneten, bis der Teig geschmeidig ist. Zu einer Kugel rollen, zudecken und 15–20 Minuten ruhen lassen.

Den Nudelteig auf eine Arbeitsfläche legen und falls nötig mit etwas Mehl bestäuben. Mit den Händen zu einer dicken, mehr oder weniger kreisförmigen Scheibe flach drücken. Den Teig mit einem scharfen Messer in lange, ca. 1 cm breite Streifen schneiden. Die Streifen mit ein wenig Mehl bestreuen und aufschütteln, damit sie gut bemehlt sind, dann einzeln nebeneinander über den Rand der Schüssel hängen.

Einen Streifen auf das Schneidebrett legen und falls nötig nochmals mit etwas Mehl bestäuben. Mit einer Teigrolle zügig von unten nach oben ausrollen und dabei das untere Ende in der anderen Hand halten (aber nicht ziehen). Den Streifen umdrehen und noch einmal ausrollen. Er sollte nun recht lang und ca. 2,5 cm breit sein. Mit etwas Mehl bestäuben, dann den Teigstreifen in ca. 1 cm lange Stücke schneiden. Das Ergebnis sind kleine, dünne, flache Nudelstücke. Diese in die Schüssel geben, dann einen weiteren Streifen vom Rand nehmen und den Vorgang wiederholen. Die Nudelstücke in der Schüssel ab und zu kontrollieren und falls sie allmählich zusammenkleben, etwas Mehl in

Fortsetzung auf der nächsten Seite >

Für die Beisuppe
½ TL Salz
70 g junger Blattspinat
1 Ei

VEGETARISCH

die Schüssel streuen und die Stücke leicht aufschütteln, um sie voneinander zu lösen.

Wenn alle Nudeln fertig sind, in einem großen Topf Wasser auf hoher Stufe zum Kochen bringen. Die Nudeln in das sprudelnd kochende Wasser geben und mit einem Nudelsieb oder einem Schaumlöffel behutsam umrühren. Nudelstücke, die aneinanderkleben, möglichst trennen. Das Wasser wieder zum Kochen bringen – dies dürfte ca. 3 Minuten dauern –, dann ein Sieb in die Schüssel stellen und Nudeln ins Sieb abgießen.

Die Hälfte des Nudelwassers wieder in den Topf gießen, es wird später für die Beisuppe verwendet.

Die Nudeln vorsichtig unter kaltem fließenden Wasser abspülen, dann das Sieb in eine Schüssel mit kaltem Wasser stellen: So werden die Nudeln nicht zu weich und bleiben schön bissfest.

Den Pak Choi halbieren und beide Hälften schräg in feine Streifen schneiden. Sorgfältig abspülen und in einer Schüssel mit kaltem Wasser beiseite stellen. Die Zwiebel halbieren. Beide Hälften in dünne Streifen schneiden, dann die Hälfte nochmals halbieren. Das Öl in einem Wok auf mittlerer bis hoher Stufe erhitzen. Sobald es heiß ist, Knoblauch hineingeben und umrühren, bis er braun wird. Nun die Zwiebel hinzufügen und gut umrühren. Wenn die Zwiebel weich ist, Salz und Pilze hinzugeben und unter Umrühren braten, bis die Pilze weich geworden sind. Pak Choi aus dem Wasser nehmen und in den Wok geben. Alles gründlich miteinander vermengen, dann Essig und Sojasoße hinzugeben. An diesem Punkt wird es etwas wässrig aussehen – lassen Sie es 3–4 Minuten sprudelnd einkochen.

Die Nudeln sorgfältig abgießen und auch in den Wok geben, zusammen mit Sesamöl, schwarzem Pfeffer, Chilipulver (falls gewünscht) und Frühlingszwiebeln. 3–4 Minuten gründlich durchmischen. In der Zwischenzeit für die Suppe das Salz zum Nudelwasser in den Topf geben. Zum Kochen bringen, dann Spinat hinzufügen und Ei in die Suppe geben. Gründlich umrühren, zum Kochen bringen und nun in kleine Schalen schöpfen.

Kosten, ob die Nudeln heiß genug zum Servieren sind, und in großen Schalen servieren. Wenn Sie mögen, ein paar halbierte Kirschtomaten dazugeben und etwas Parmesan darüberreiben. Die Suppe dazu servieren.

Gemüse-Thenthuk (Gemüse mit handgezogenen Nudeln)

Für 6 Portionen

Gemüse-*Thenthuk* wird in Tibet genauso oft zubereitet wie Fleisch-*Thenthuk* und ist sehr beliebt bei allen, die Fleisch vom Speisezettel gestrichen haben. Der Nudelteig wird mit Eiern gemacht, folglich ist dieses Gericht nicht vegan. Sie können natürlich eifreie Nudeln nehmen und den Fetakäse weglassen, wenn Sie eine vegane Version zubereiten möchten. Die Suppe schenkt Ihnen trotzdem alle Freude und Wärme, die dieses Gericht bietet, und schmeckt ebenfalls nach mehr.

½ Daikonrettich, ca. 400 g
2 EL Kochöl
3 große Knoblauchzehen, dünn geschnitten
1 rote Zwiebel, dünn geschnitten
2 Tomaten, fein gehackt
1 EL Salz
2 kleine Kartoffeln, ca. 350 g, gewaschen, mit Schale, gewürfelt
150 g junger Spinat (Lauch oder Pak Choi passen auch), gewaschen, grob gehackt
200 g Fetakäse, zerkrümelt – optional
1 ½ EL schwarzer Chinkiang-Essig
½ EL Sesamöl
1 EL helle Sojasoße
3 Frühlingszwiebeln/Schalotten, gewaschen, mit grünen Spitzen, dünn geschnitten
Koriandergrün, fein gehackt, zum Garnieren

Für die Nudeln

500 g Weißmehl Type 812
2 Eier
2 TL Olivenöl

VEGETARISCH

Für die Nudeln das Mehl in eine Schüssel geben und die Eier aufschlagen. Die Eier mit einer Hand in das Mehl mischen und zugleich mit der anderen Hand langsam ca. 160 ml warmes Wasser zugießen. Aufpassen, dass das Mehl nicht »geflutet« wird – der Teig soll recht fest werden. Wenn der Teig in der Schüssel eine schöne feste Kugel ist, diese zudecken und 15–20 Minuten beiseite stellen.

In der Zwischenzeit den Daikonrettich der Länge nach halbieren und jede Hälfte wiederum der Länge nach halbieren. Die Stücke in dünne Scheiben schneiden, sodass Viertelkreise entstehen. Das Öl auf mittlerer Stufe in einem großen Topf erhitzen und dann Knoblauch und Zwiebel hineingeben; eine Minute anbraten, die Tomaten hinzufügen. Als Nächstes den Daikonrettich mit dem Salz in den Topf geben. Gut umrühren, dann etwa 5 Minuten unter gelegentlichem Umrühren kochen lassen. Die Kartoffeln hinzufügen, 600 ml kochendes Wasser dazugießen und alles gründlich umrühren. Deckel auflegen und 8–10 Minuten kochen lassen; hin und wieder umrühren. Wenn die Kartoffeln gar sind (kosten!), den Spinat hinzugeben und eine Minute umrühren – nur, bis der Spinat zusammengefallen ist –, dann vom Herd nehmen.

Zum Nudelkochen rund 2,5 l kochendes Wasser in einem großen Wok oder Topf auf niedriger Stufe aufsetzen.

Den Nudelteig aus der Schüssel nehmen und in ca. 10 Stücke aufteilen. Jedes Stück zwischen den Händen zu einer Wurst rollen – dabei ein wenig in die Länge ziehen –, dann die Stücke einzeln über den Rand der Schüssel hängen. Das Olivenöl in die Schale geben; Sie werden die Finger ins Öl tauchen müssen, damit der Teig nicht an Ihren Händen kleben bleibt.

Man beginnt in der Mitte eines Teigstreifens. Den Teig zwischen Daumen und Zeigefinger beider Hände halten und weiterwandernd zwischen diesen Fingern flach drücken, erst in Abwärtsrichtung arbeiten und dann wieder nach oben. Zum Schluss den Teigstreifen zwischen den Händen dehnen, sodass er sehr lang und sehr flach wird; er sollte ca. 2,5–5 cm breit sein.

Wenn das Wasser wieder köchelt, den Teigstreifen über das Handgelenk einer Hand legen und das Ende zwischen Daumen und Zeigefinger klemmen. Mit der anderen Hand 2,5–5 cm lange Stücke ziehen, abkneifen und in die Brühe werfen. Wir sagen absichtlich »werfen«, denn man muss mit den Händen einen gewissen Abstand zum heißen Wasser wahren, sonst macht der Dampf den Teig klebrig.

Alles umrühren und mit den anderen Teigstreifen wiederholen. Das dauert eine Weile und ist ein Test für Ihre Daumen!

Wenn alle Nudeln im Topf sind, die Hitze für einige Minuten auf hohe Stufe stellen, dann eine Nudel kosten und prüfen, ob sie gar ist.

Fetakäse macht die Brühe lecker und cremig. Falls gewünscht, kommt er jetzt hinein. Die Hitze etwas reduzieren und ca. eine Minute warten. Gemüse hineingeben und gründlich umrühren; darauf achten, dass alles heiß ist. Zum Schluss Essig, Sesamöl, Sojasoße und Frühlingszwiebeln hinzugeben. In Schalen schöpfen und mit Koriandergrün garnieren.

Nudelsuppe mit Lamm

Für 4–6 Portionen

»Essen schmeckt besser, wenn die Mutter es serviert«, so lautet ein tibetisches Sprichwort. Yeshis Mutter hat diese Nudeln fast täglich in irgendeiner Form gekocht, und normalerweise für mindestens 12 Personen auf einmal. Dies ist ein sehr traditionelles lokales Rezept, bei dem die Nudeln in Eiswasser gekühlt werden. Wenn Sie sich hier an Yeshis Anleitung halten, können Sie sicher sein, dass Sie sie genauso servieren wie seine Mutter zu Hause … Aber holen Sie das Eis auch vom Fluss im Tal? Yeshi weiß noch, wie seine Schwägerin mitten im Winter mächtige Eisbrocken den Berg hinaufschleppte.

2 EL Kochöl
2 große Knoblauchzehen, dünn geschnitten
1 rote Zwiebel, fein gehackt
500 g Lammkeule, gewürfelt
1 TL Salz
½ TL Szechuanpfefferkörner (*Yerma*), zerstoßen
2–3 Frühlingszwiebeln/Schalotten, gewaschen, mit grünen Spitzen, dünn geschnitten
Koriandergrün, gehackt, zum Garnieren

Für die Nudeln

450 g Weißmehl Type 812 plus Mehl zum Bestäuben
3 große Eier
Eiswürfel – optional

Für die Nudeln das Mehl in eine Schüssel geben und die Eier aufschlagen. Mit einer Hand die Eier ins Mehl einarbeiten und zugleich mit der anderen Hand langsam 90 ml warmes Wasser zugießen. Weiterkneten, bis der Teig in der Schüssel eine feste Kugel bildet, dann zudecken und 15–20 Minuten beiseite stellen.

In der Zwischenzeit das Öl in einem Wok (oder einen großen Topf) auf mittlerer bis hoher Stufe aufsetzen. Wenn es heiß ist, Knoblauch hineingeben und unter Umrühren goldbraun anbraten, dann die Zwiebel hinzufügen. Gut mischen und unter Umrühren braten, bis auch die Zwiebel gebräunt ist.

Lammfleisch, Salz und Szechuanpfeffer hinzugeben und umrühren. Das Lammfleisch soll zuerst scharf angebraten und dann im eigenen Saft gedünstet werden. Deckel (oder Folie) auflegen, aber häufig nachsehen und alles gut umrühren, damit auch sicher nichts ansetzt oder anbrennt. Nach 7–8 Minuten müsste die Flüssigkeit aufgesogen sein. An diesem Punkt die Hitze sofort herunterstellen und mit Deckel weitere 5 Minuten dünsten, dabei hin und wieder umrühren. Das Fleisch sollte jetzt komplett gar sein. 850 ml kochendes Wasser hinzugeben, Deckel wieder auflegen und die Suppe auf niedriger Stufe köcheln lassen, bis auch die Nudeln fertig sind.

Den Nudelteig herausnehmen und ca. eine Minute kneten, bis er weich ist, dann in 4 etwa gleich große Stücke teilen. 3 Stücke wieder in die Schüssel geben und zudecken.

Mit einer Teigrolle das erste Teigstück auf einer bemehlten Fläche ausrollen. Fest aufdrücken und immer wieder drehen und wenden, bis das Teigstück groß, ungefähr kreisrund und ca. 2–3 mm dick ist. Zum Schluss noch etwas Mehl auf den Teig streuen und, auf einer Seite beginnend, auf die Teigrolle aufrollen, also mehrmals drumherumwickeln, bis der ganze Teig aufgerollt ist. Die Teigrolle herausziehen; es bleibt ein hohler Teigzylinder. Den Zylinder mit einem scharfen Messer schräg in Streifen schneiden. Die Breite der Streifen legt die Dicke der Nudeln fest – die Breite eines Essstäbchens sollte angepeilt werden.

Zum Schluss noch etwas Mehl über die Nudeln streuen.

Mit beiden Händen die Nudeln hochheben und im Mehl aufschütteln, bis alle gut bemehlt sind und man sie voneinander lösen kann. In eine Schüssel geben und den Vorgang mit den restlichen Teigkugeln wiederholen.

In einem großen Topf Wasser zum Kochen bringen. Die Nudeln müssen in mehreren Portionen gekocht werden. Die Hälfte ins kochende Wasser geben und ganz behutsam umrühren. Etwa 3 Minuten kochen lassen oder bis sie nach oben gestiegen sind und das Wasser sprudelt und schäumt – dies ist ein Zeichen dafür, dass sie fertig sind, aber kosten Sie ruhig, um sicherzugehen.

Die Nudeln in ein Sieb über einer Schüssel abgießen und so das Kochwasser für die zweite Portion auffangen. Die Nudeln unter kaltem fließendem Wasser abspülen, dann zum Abkühlen in eine andere Schüssel mit kaltem Wasser füllen. Wenn möglich, ein paar Eiswürfel in die Schüssel geben: Durch das Eiswasser werden die Nudeln nicht matschig und behalten einen wirklich angenehmen Biss.

Mit der zweiten Portion wiederholen und diese Nudeln auch in das gekühlte Wasser geben.

Wenn alle Nudeln gekocht sind, die Kochplatte für die Suppe auf hohe Stufe stellen und die Frühlingszwiebeln hineingeben. Für jede Portion nun Nudeln aus dem kalten Wasser nehmen und in einzelne Schalen füllen. Aus dem Wok so viel Brühe darüber schöpfen, dass die Nudeln bedeckt sind. Die Brühe wieder in den Wok zurück geben und dies wiederholen: Dieser Vorgang erwärmt die kalten Nudeln schlagartig und gründlich mit der Hitze der Brühe, denn kalt würden sie langweilig schmecken. Beim dritten Mal schöpfen Sie auch etwas Fleisch in die Schale und so viel Brühe, dass die Nudeln bedeckt sind. Jetzt kann gegessen werden! Mit Koriandergrün garnieren und servieren.

Yeshi sagt: »Falls Sie merken, dass die Brühe knapp wird, sobald einige Schalen gefüllt sind, geben Sie etwas kochendes Wasser in den Wok und etwas Salz nach Geschmack. So reicht die Brühe etwas länger. Traditionell verwenden wir in diesem Gericht keine Sojasoße und keinen Essig, aber wenn Sie mögen, können Sie helle Sojasauce und schwarzen Chinkiang-Essig mit auf den Tisch stellen. Wer gerne einen Schuss Schärfe hat, gibt auch ein wenig Taste Tibet-***Sepen*** hinzu (Seite 188).«

Bratnudeln mit Gemüse

Für 4 Portionen

Ältere Tibeter bauen auf Nudelsuppen wegen ihrer wärmenden Eigenschaften, Bratnudeln hingegen sind bei den jungen Leuten und in Restaurants beliebter.

Wer das amerikanische *Chow Mein* mag, wird diese Bratnudeln ganz sicher lieben. Wenn Sie sie mit Fleisch zubereiten wollen, geben Sie einfach ein paar Stückchen Lamm-, Rind-, Hähnchen- oder Schweinefleisch in den Wok, wenn die Zwiebeln gebräunt sind und bevor das Gemüse hineinkommt. Oder auch Omelettestreifen, wenn Sie mögen: Das Omelette separat in einer kleinen Bratpfanne zubereiten, in Streifen schneiden und in den Wok oder direkt vor dem Servieren in die einzelnen Schalen geben.

400 g eihaltige Nudeln, trocken (eifreie Nudeln sind auch in Ordnung)
1 kleiner Spitzkohl, ca. 350 g, oder ein anderer grüner Kohl gleichen Gewichts
3 Köpfe Pak Choi, insgesamt ca. 300 g
4 EL Kochöl
2–3 große frische grüne Chilischoten, dünn geschnitten, mit Kernen
3 große Knoblauchzehen, dünn geschnitten
1 rote Zwiebel, dünn geschnitten
2 TL Salz
1 TL Chilipulver oder Menge nach Geschmack – optional
2 TL dunkle Sojasoße
1 EL helle Sojasoße
1 EL Sesamöl
2 TL weißer Essig
Frühlingszwiebeln/Schalotten und/oder Schnittlauch, gehackt, zum Garnieren

VEGETARISCH

Einen großen Topf mit kochendem Wasser auf hoher Stufe aufsetzen. Wenn das Wasser sprudelnd kocht, die Nudeln hineingeben und vorsichtig mit Essstäbchen im Wasser bewegen. 6–7 Minuten oder nach Packungsanweisung kochen.

Nudeln in ein Sieb abgießen. Das Sieb in eine Schüssel stellen und kaltes Wasser über die Nudeln laufen lassen – das kalte Wasser füllt die Schüssel und kühlt die Nudeln. Wenn sie ganz kalt sind, das Sieb aus der Schüssel nehmen und die Nudeln im Sieb abtropfen lassen; währenddessen das Gemüse zubereiten.

Den Spitzkohl waschen und den harten Strunk entfernen, dann halbieren und sehr fein hobeln. Die Pak Choi-Köpfe der Länge nach halbieren, dann die Hälften schräg halbieren. Gründlich abspülen und in einer Schüssel mit kaltem Wasser beiseite stellen.

Das Öl in einen auf hoher Stufe aufgesetzten Wok geben. Sobald es heiß ist, Chilischote und Knoblauch hineingeben und unter Umrühren braun anbraten, dann Zwiebel und Salz hinzugeben. Weiter braten und umrühren, bis die Zwiebel gebräunt ist, dann den Kohl hinzufügen und 2–3 Minuten braten. Den Pak Choi aus dem Wasser nehmen und in den Wok geben. 3–4 Minuten dünsten, dabei oft umrühren. Wer die Nudeln gern scharf isst, kann an diesem Punkt auch etwas Chilipulver hinzufügen.

Nun die Nudeln in den Wok geben, außerdem die beiden Sojasoßen, Sesamöl und Essig. Mit einer Zange oder mit Essstäbchen 3–4 Minuten gründlich vermengen. Mit Frühlingszwiebeln und/oder Schnittlauch garnieren.

Yeshi sagt: »Stellen Sie etwas Taste Tibet-*Sepen* (Seite 188) dazu, falls Sie diesem Gericht einen besonderen Kick geben wollen. Srirachasoße tut's auch.«

Phing Tsel (Gemüseeintopf mit Glasnudeln)

Für 4–6 Portionen

Dies ist ein wunderbares traditionelles Gericht, das einige der ungewöhnlicheren Zutaten in der tibetischen Küche präsentiert: *Phing* (Glasnudeln, auch als Mungbohnen-Vermicelli bekannt) und Wolkenohrpilze (im Deutschen auch Judasohren genannt). Die Nudeln sind hier nicht die Hauptattraktion, sie bieten lediglich eine zusätzliche Texturschicht.

Phing Tsel sollte idealerweise mit anderen Gerichten zusammen serviert werden. Wir empfehlen Yeshis Dal (Seite 204) und ein bisschen grünes Blattgemüse wie Pak Choi oder Knoblauchsprossen, einfach pfannengerührt. Sie könnten es auch mit *Tingmo* (gedämpftes Brot, Seite 167), luftigem Riesenzupfbrot (Seite 175) oder Basmatireis probieren.

100 g Glasnudeln
40 g Wolkenohrpilze
2 EL Kochöl
3 große Knoblauchzehen, dünn geschnitten
1 TL Bassar Curry Masala (oder scharfes Chilipulver)
½ rote Zwiebel, dünn geschnitten
2 Tomaten, gewürfelt
ca. 300 g weiße Kartoffeln, gewaschen, mit Schale, fein gestiftelt
2 TL Salz
4–5 Frühlingszwiebeln/Schalotten, gewaschen, mit grünen Spitzen, fein geschnitten

VEGAN

Die Glasnudeln und die Wolkenohrpilze in eine Schüssel geben, mit warmem Wasser bedecken und etwa eine halbe Stunde beiseite stellen.

Das Öl in einem großen Wok auf hoher Stufe erhitzen. Sobald es heiß ist, Knoblauch, Curry Masala und Zwiebel hineingeben und einige Minuten lang unter Umrühren anbraten. Die Tomaten hinzugeben und gründlich umrühren, dann ungefähr 5 Minuten dünsten.

In der Zwischenzeit Glasnudeln und Wolkenohrpilze abgießen; die Pilze ein wenig zwischen den Fingern reiben, um zu prüfen, ob sie sauber sind – wenn es noch knirscht, noch einmal abspülen. Mit einer Schere die Nudeln kürzen und die Pilze in kleinere Stücke schneiden.

Jetzt Kartoffeln und Salz in den Wok geben und 500 ml kochendes Wasser zugießen. Alles gründlich umrühren, dann Glasnudeln und Wolkenohrpilze hinzugeben. Nun für ca. 10 Minuten kochen lassen oder bis die Kartoffeln gar sind. Mit aufgelegtem Deckel geht es etwas schneller.

Zum Schluss die Frühlingszwiebel hinzugeben und weitere 1–2 Minuten kochen, dann servieren.

Sabtuk (Brennnesselsuppe)

Für 4 Portionen

Jeder in Tibet kennt die Geschichte von Milarepa, dem heiligen Mann aus dem 12. Jahrhundert, der sich von einem mörderischen Magier in einen der bekanntesten Yogis von Tibet verwandelte. Es heißt, er habe sich in den Jahren, die er allein in seiner Meditationshöhle beim Mount Everest verbrachte, von nichts anderem als Brennnesseln ernährt, und seine Haut sei mit der Zeit grün geworden.

Die Menschen Tibets essen liebend gern Brennnesseln. In Geschmack und Textur ähneln sie Spinat und sind eine wunderbare Eisen- und Kalziumquelle. Außerdem stecken sie voller Vitamine. Brennnesseln sammelt man am besten im beginnenden Frühjahr, wenn die Blätter zart sind, bevor sie blühen und Stängel und Blätter hart werden. Man kann sie aber den ganzen Sommer über und sogar bis in den frühen Herbst hinein essen, sogar auch trocknen und später im Jahr verbrauchen. Beim Kochen wird das brennende Gift der Nesseln zerstört, tragen Sie aber unbedingt Handschuhe beim Pflücken (und Waschen), damit Sie sich keine Verletzung zuziehen, und sammeln Sie nur die Spitzen mit den saftigen Blättern. Sollten Sie keine Brennnesseln bekommen, nehmen Sie stattdessen Spinat.

In diesem Rezept verwenden wir eine Mischung aus Brennnesseln und Lauch wegen der Kombination der Aromen und der Grüntöne. Spielen Sie ruhig mit dem Verhältnis von Brennnesseln und Lauch oder lassen Sie den Lauch ganz weg, wenn Sie einen reineren, erdigeren Geschmack anstreben. Servieren Sie die Suppe mit *Balep* (tibetisches Fladenbrot, Seite 171) oder luftigem Riesenzupfbrot (Seite 175) zum Aufstippen.

2 ½ EL Kochöl
3 große Knoblauchzehen, dünn geschnitten
2 TL Salz
1 rote Zwiebel, fein geschnitten
2 Stangen Lauch, gewaschen, gewürfelt
150 g Brennnesselspitzen (dicke Stängel entsorgen), gewaschen (oder alternativ Spinat)
schwarzer Pfeffer nach Geschmack
Schnittlauch und/oder Naturjoghurt oder Sahne zum Garnieren – optional

VEGETARISCH/VEGAN

Das Öl in einem Wok oder einem großen Topf auf hoher Stufe erhitzen (Milarepa benutzte einen Tontopf, und in Yeshis Familie macht man das auch, wenn man zu Hause ***Sabtuk*** kocht). Wenn es heiß ist, den Knoblauch hinzugeben und 1 oder 2 Minuten anbraten, bis er leicht gebräunt ist. Salz und Zwiebel hinzufügen und eine weitere Minute sanft anbraten, dann Lauch hinzugeben und einige Minuten auf mittlerer bis hoher Stufe unter Umrühren braten, bis er allmählich weich wird.

In der Zwischenzeit die Brennnesseln in einem Extratopf mit kochendem Wasser eine Minute weich kochen, abgießen und ebenfalls in den Wok geben.

1,5 l kochendes Wasser in den Wok gießen. Die Suppe 10 Minuten köcheln lassen, dann die Hitze auf niedrige Stufe stellen und alles mit einem Holzlöffel zerdrücken oder mit einem Stabmixer pürieren.

In warmen Schalen servieren, nach Geschmack mit Pfeffer abgeschmeckt und garniert mit etwas gehacktem Schnittlauch sowie – wer mag – mit einem Wirbel aus Joghurt oder Sahne.

Yeshi sagt: »In Tibet verleiht man dieser Suppe mit getrocknetem, gesalzenem Lammfett eine angenehm rauchige Note. Um einen ähnlichen Effekt zu erzielen, könnten Sie ein wenig Chorizo hineingeben: entweder separat anbraten und direkt vor dem Servieren hinzufügen oder aber mit dem Gemüse mitkochen und in der Suppe mitpürieren.«

Tibetische Fleischklößchensuppe

Für 4 Portionen

In Tibet war es von alters her Brauch, dass Bräute mehrere Ehemänner aus derselben Familie heiraten. Yeshis Mutter hat zwei Brüder geheiratet und er und seine Brüder und Schwestern kennen sie einfach als »Älterer Vater« und »Jüngerer Vater«. Offiziell ist dieses System heute unter dem chinesischen Gesetz verboten, doch in ländlichen Gegenden bleibt es gängige Praxis. Angesichts der spezifischen Herausforderungen der tibetischen Topografie hat es Vorteile: Es steht wenig Agrarland zur Verfügung, und dessen Bewirtschaftung erfordert viel Arbeit – heiratet eine Frau die Söhne einer Familie, bleibt das Land mit Sicherheit in der Familie; zudem ist garantiert, dass sowohl genügend Hände für die Arbeit auf den Feldern da sind, als auch, dass ein Mann im Haus ist. Dieser Brauch verringert darüber hinaus tendenziell die Anzahl der Erben und somit die Anzahl der Münder, die das Land ernähren muss.

Yeshis jüngerer Vater ist zwar heute Vegetarier, früher aß er aber sehr gern Fleischbällchen. Yeshi erinnert sich, dass dieses Gericht sein Beitrag für Hochzeitsfeiern und andere große Ereignisse im Dorf war. Hochzeitsfeiern dauern typischerweise 2 oder 3 Tage und haben bis zu 400 Gäste, Sie können sich also vorstellen, wie viele Fleischbällchen man braucht!

350 g Rinderhack, Fettgehalt idealerweise 15–20 Prozent
1 Ei aus Freilandhaltung
½ kleine rote Zwiebel, fein gehackt
1 große Knoblauchzehe, fein gehackt
½ TL Szechuanpfefferkörner (*Yerma*), zerstoßen
1 ½ TL gemahlener Koriander
1 TL Salz
weißes Allzweckmehl zum Wälzen in Mehl
125 g junger Blattspinat, gewaschen
Koriandergrün zum Garnieren

Das Hackfleisch in eine Schüssel geben und das Ei aufschlagen. Mit der Hand oder einer Gabel sehr gründlich vermischen, dann Zwiebel, Knoblauch, Szechuanpfeffer, gemahlenen Koriander und ½ TL Salz hinzugeben. Alles gründlich miteinander vermengen.

Etwas Mehl auf ein Schneidebrett streuen. Ein 2,5 cm großes Stück Fleischgemisch abnehmen und zwischen den Handflächen zu einem Bällchen rollen, dann durch das Mehl auf dem Brett wälzen. Keine dicke Mehlschicht auftragen, das Fleischbällchen soll nur leicht überzogen sein. Das Fleischbällchen noch einmal erst zwischen den Händen und dann durch das Mehl rollen und beiseite legen. Mit der restlichen Fleischmasse wiederholen und, falls nötig, mehr Mehl auf das Brett geben. Es sollten am Ende alles in allem ca. 30 Fleischbällchen sein.

1 l kochendes Wasser abmessen und in einem großen Wok auf mittlerer Stufe aufsetzen. Wenn das Wasser wieder kocht, die Fleischbällchen hineingeben und vorsichtig bewegen; sollten sie nicht vollständig bedeckt sein, noch etwas Wasser zugießen. Den restlichen ½ TL Salz hinzugeben, Hitze auf höchste Stufe stellen und die Fleischbällchen unter gelegentlichem Umrühren 4–5 Minuten köcheln lassen. In der letzten Minute den Spinat in die Suppe geben.

Bevor Sie den Wok vom Herd nehmen erst prüfen, ob die Fleischbällchen gar sind: eines herausfischen und durchschneiden. Es sollte durchgehend braun sein, nicht rosa.

Die Fleischbällchensuppe mit Koriandergrün garniert in Schalen servieren.

Eier-Tomaten-Suppe

Für 2–4 Portionen

Wir essen dies als leichtes, erfrischendes Mittagessen mit etwas *Balep* (tibetisches Fladenbrot, Seite 171) oder Toast. In Tibet isst man es normalerweise mit *Tsampa* (geröstetes Gerstenmehl, Seite 51), und es ist auch ein angenehmer Begleiter zu trockeneren Fleischgerichten. Nehmen Sie die besten Freilandeier, die Sie finden können, und die reifsten Tomaten. Spinat muss nicht sein, gibt dem Gericht aber mehr Textur und Farbe.

4 Eier
2 EL Allzweckmehl
2 Tomaten, halbiert, in dünne Scheiben geschnitten
1 TL Salz
2 Frühlingszwiebeln/Schalotten, gewaschen, mit grünen Spitzen, fein geschnitten
60 g Spinat, gewaschen, gehackt – optional

VEGETARISCH

1 l Wasser abmessen, in einen Topf geben und zum Kochen bringen.

In der Zwischenzeit die Eier in eine Schüssel aufschlagen, mit dem Mehl bestreuen und beides mit einer Gabel gründlich verrühren. Wenn das Wasser kocht, das Eigemisch in den Topf geben; den letzten Rest mit etwas Kochwasser aus der Schüssel spülen. Gut umrühren, dann Tomaten und Salz hinzugeben und 2–3 Minuten kochen lassen.

Frühlingszwiebeln sowie, falls gewünscht, Spinat hinzugeben und alles gut umrühren. Wenn die Suppe wieder kocht, ist sie fertig und kann serviert werden.

Lauch-Kartoffel-Congee

Für 4 Portionen

Congee ist ein wundersam schlichtes Allheilmittel. Sie brauchen lediglich etwas Reis, etwas Wasser und Salz – damit können Sie eine Kraftbrühe zubereiten, mit der Sie den nächsten Tag durchstehen. In vielen Ländern gibt es eine Version von diesem Reis-Porridge: In Südasien ist es das Gericht *Khichri* (oder *Khichari*) aus Reis und Dal, und die Chinesen haben das Hirse-Congee *Xiao Mi Zhou*. Wenn es Ihnen in Tibet nicht gut geht, wird Ihnen vermutlich irgendjemand eine Schale Congee reichen.

Congee ist aber nicht nur den Kranken vorbehalten. Wir essen es, wenn wir zu viel von was auch immer verputzt haben! Wenn Ihr Congee nicht vegan sein muss, passt Chorizo gut dazu, um die Sache etwas würziger zu gestalten, und für einen feineren Geschmack können Sie es mit Hähnchenoberkeulen kosten. Auch die Variante mit Süßkartoffel ist lecker. Wir empfehlen dazu außerdem etwas *Balep* (tibetisches Fladenbrot, Seite 171) oder luftiges Riesenzupfbrot (Seite 175).

130 g Basmatireis
1 Stange Lauch, ca. 250 g
1 weiße Kartoffel, ca. 125 g
1 TL Salz

VEGAN

Den Reis waschen, abgießen und in einen großen Topf geben. Etwa 1,5 l kaltes Wasser in den Topf geben und auf mittlerer bis hoher Stufe aufsetzen.

Den Lauch gründlich waschen. Der Länge nach halbieren, dann den weißen und den grünen Teil quer in dünne Streifen schneiden. Die Kartoffel waschen, aber nicht schälen und dann würfeln.

Lauch und Kartoffel in den Topf geben, die Hitze auf mittlere Stufe reduzieren. Deckel auflegen und unter gelegentlichem Umrühren 20–25 Minuten kochen oder bis alles gar ist.

Nun Salz und noch 250 ml kochendes Wasser hinzugeben oder auch etwas mehr, wenn das Congee suppenartiger sein soll. Erneut zum Kochen bringen, dann servieren.

Labu Shaku (tibetischer Lammeintopf)

Für 4–6 Portionen

Dieses Gericht steht für Yeshi für den Herbst. Am Ende der Sommersaison, wenn er mehrere Monate fern vom Dorf das Vieh gehütet hatte, gab es zur Feier seiner Heimkehr diesen köstlichen Eintopf mit Fleisch von Tieren der eigenen Herde. Nichts vom Schaf wurde weggeworfen: Schafsdarm gefüllt mit Fett, Blut und Mehl, ein wenig gekocht, gilt in Tibet als Delikatesse (Yeshis älterer Vater bereitet dieses Gericht absolut köstlich zu), und getrocknetes, gesalzenes Lammfett landet schließlich in Momos, Suppen und Eintöpfen. Aus dem Schafsleder werden Winterjacken angefertigt und Glocken aus den Hörnern.

Labu Shaku schmeckt sehr lecker mit Reis oder luftigem Riesenzupfbrot (Seite 175), das bei Yeshi zu Hause ganz oft gebacken wird.

1 EL Kochöl
1 getrocknete rote Chilischote
3 Knoblauchzehen, dünn geschnitten
1 rote Zwiebel, dünn geschnitten
2 Tomaten, gewürfelt
1 kg Lammfleisch mit Knochen – Rippen oder Dünnung sind am besten, aber Keule/Haxe ist auch in Ordnung
2 TL Salz
½ TL Szechuanpfefferkörner (*Yerma*), zerstoßen
½ TL gemahlener Koriander
200 g Daikonrettich, gewaschen, mit Schale, gewürfelt
200 g Kartoffeln, gewaschen, mit Schale, gewürfelt
Frühlingszwiebeln/Schalotten oder Koriandergrün, gehackt, zum Garnieren

Das Öl in einem großen Topf auf hoher Stufe aufsetzen. Chilischote leicht zerdrücken – lediglich etwas aufbrechen – und ins Öl geben, sobald es heiß ist. Brutzeln lassen, bis sie braun wird, dann Knoblauch und Zwiebel hinzufügen. Gründlich umrühren und anbraten, bis sie goldbraun sind; nun die Tomaten hinzugeben.

Das Lammfleisch in Stücke schneiden, die gut in den Topf passen; dabei etwas Fleisch – aber nicht alles – vom Knochen lösen; wer möchte, kann den Fleischer darum bitten, dies zu tun. Lammfleisch in den Topf geben und gut umrühren, damit es von allen Seiten scharf anbrät, dann Salz, Szechuanpfeffer und gemahlenen Koriander hinzugeben und 15–20 Minuten kochen lassen oder bis das Fleisch gebräunt ist. Das Ganze im Auge behalten und hin und wieder umrühren, damit auch sicher nichts ansetzt.

Nun 1 l kochendes Wasser hinzugeben und 15 Minuten kochen; ab und zu umrühren. Daikonrettich und Kartoffeln hinzufügen und gut umrühren, Deckel auflegen und weitere 10–15 Minuten kochen lassen. Vor dem Servieren prüfen, ob das Gemüse weich ist.

Den Eintopf in Schalen schöpfen und mit Frühlingszwiebeln oder Koriandergrün garnieren.

Sha Tsöma (klassisches tibetisches gekochtes Rindfleisch)

Für 6–8 Personen

In Tibet würde man dieses Gericht normalerweise mit Yakfleisch kochen, das etwas magerer ist als Rindfleisch. Tibeter mögen es, wenn das Fleisch Biss hat, daher die verbreitete Sitte, außerhalb der Mahlzeiten als Snack gepökeltes Yakfleisch zu kauen. Die Kochzeit im Rezept spiegelt das wider. Wenn Sie möchten, dass das Fleisch zarter ist, vom Knochen fällt, kochen Sie es unbedingt länger. Ein Grund, warum man in Tibet das Fleisch fester mag, ist: So kann man es gut in einen Chili-Dip tunken. Für die original tibetische kulinarische Erfahrung servieren Sie *Tingmo* (gedämpftes Brot, Seite 167) dazu, lehnen sich zurück und stellen sich vor, Sie äßen in einem Nomadenzelt: Sie haben ein Feuer, das Ihre Zehen wärmt, und dieses Fleisch, die Brühe und das Chili wärmen gleich den Rest.

- 4 große Knoblauchzehen, dünn geschnitten
- 7,5–10 cm Ingwer, gewaschen, mit Schale, dünn geschnitten
- 1 TL Salz
- ½ TL Szechuanpfefferkörner (*Yerma*), zerstoßen
- 1 kg Rinderrippe oder -hüfte, mit Knochen, oder ca. 800 g Rindfleisch aus der Oberschale
- 4–5 große Kartoffeln
- 1 Daikonrettich
- 5 junge Pastinaken
- 5 junge Karotten
- 100 g junger Spinat, gehackt, oder 50 g Koriandergrün, gehackt

Für den Dip

- 2 EL helle Sojasoße
- ½ EL schwarzer Chinkiang-Essig
- 1 EL Sesamöl
- 1–2 TL Taste Tibet-*Sepen* (Seite 188) oder scharfe Chiliflocken
- ½ TL Szechuanpfefferkörner (*Yerma*), zerstoßen, oder 1 TL Szechuanpfefferöl – optional

1,5 l kochendes Wasser in einem Suppentopf oder einem großen Kochtopf auf hoher Stufe aufsetzen. Knoblauch, Ingwer, Salz und Szechuanpfeffer hineingeben.

Das Rindfleisch zwischen den Knochen durchschneiden oder, falls das verwendete Fleisch nicht am Knochen ist, in Stücke schneiden, die in den Topf passen. Fleisch in den Topf geben und zum Kochen bringen, Deckel auflegen und Hitze verringern, sodass es köchelt. 30–40 Minuten simmern lassen oder länger, je nachdem, wie mager das Rindfleisch ist und wie zart Sie es mögen.

In der Zwischenzeit Kartoffeln, Daikonrettich, Pastinaken und Karotten gründlich waschen, aber nicht schälen. Kartoffeln in große Stücke schneiden, den Daikonrettich in ebenso große Stücke teilen und grünes Kraut dranlassen.

Nach ca. 35 Minuten – oder wenn das Rindfleisch Ihren Wünschen gemäß gekocht ist – Kartoffeln, Daikonrettich, Pastinaken und Karotten in den Topf geben, Deckel auflegen und 10 Minuten kochen oder bis das Gemüse gar ist (wenn das Rindfleisch recht mager ist, eventuell an diesem Punkt herausnehmen, damit es nicht austrocknet, und später wieder in den Topf geben; ansonsten einfach mit dem Gemüse im Topf lassen).

Für den Dip alle Zutaten in einer kleinen Schüssel miteinander vermischen.

Zum Servieren Gemüse und Fleisch aus dem Topf nehmen und auf ein Schneidebrett legen. Spinat oder Koriandergrün in die Brühe einrühren für ein wenig Grün, dann die Brühe in einzelne Schalen schöpfen. Das Fleisch zurechtschneiden und mit dem Gemüse verteilen. Den Dip zum Tunken mitten auf den Tisch stellen.

Teigtaschen, Pasteten und Brot

Es ist Zeit, über Momos zu sprechen (tibetische Teigtaschen). Diese dampfenden Wellness-Bündel sind die Hamburger des Himalayas. Momos werden mittlerweile mit der nepalesischen Küche in Verbindung gebracht, tatsächlich liegen ihre Ursprünge hingegen in Tibet. Traditionell werden sie mit Yakfleisch zubereitet, schmecken aber mit Rindfleisch oder Gemüse genauso lecker. Momos sind von den tibetischen Speisen am weitesten in der Welt herumgekommen und haben die meiste Anerkennung erhalten.

Dieses Kapitel enthält Rezepte für viele verschiedene Momos. Sie werden gedämpft und nicht gekocht, und da sie aus Weizenmehlteig gefertigt werden, sind sie nicht so empfindlich wie chinesische Teigtaschen. Momos haben eine Hülle, die so robust ist, dass man mit ihnen hantieren kann, ohne sie zu beschädigen – das macht sie zu einem exzellenten Fingerfood. Tibeterinnen und Tibeter essen Momos immer mit den Händen, so kann man sie besser in eine dazu servierte scharfe Soße tunken.

Die Rezepte sind einfach; der Teig muss nicht stundenlang ruhen, und wunderschöne Formen oder Falttechniken sind nicht notwendig – sie machen lediglich Spaß. Der Teig, den wir verwenden, lässt sich einfach verarbeiten und reißt nicht. Das ist das Geheimnis für den Erfolg bei der Momo-Zubereitung. Für Tipps und Tricks werfen Sie einen Blick auf die Seiten 144–149. Dort finden Sie alle Instruktionen, die Sie brauchen, und außerdem eine Anleitung, wie man Momos am besten isst. Sie denken vielleicht, Sie wüssten, wie das geht, aber es gibt eine ganz eigene tibetische Art und Weise.

Die meisten Speisen in diesem Kapitel werden in Tibet mit den Händen gegessen. Brot ist dazu da, in Soße getunkt zu werden oder um andere Gerichte wie ein Schöpflöffel aufzunehmen. Yeshi verwendet normalerweise keinen Teller, wenn er *Tingmo* (gedämpftes Brot) oder *Balep* (Fladenbrot) isst, auch nicht für die flüssigsten Gerichte: Es ist, als sei das Brot eine Verlängerung seines Körpers. Auch eine *Sha Balep* (tibetische Pastete) isst man am besten mit den Händen. Wer erlebt denn schon wirklich den maximalen Genuss, wenn er eine Pastete mit Messer und Gabel isst?

Momos zubereiten und essen

Momos sind das inoffizielle Nationalgericht Tibets. Auch wenn Sie noch nie bewusst tibetisches Essen verzehrt haben, kennen Sie Momos vielleicht trotzdem. Menschen aus Tibet brachten sie nach Nepal, wo sie auf so mancher nepalesischen Speisekarte einen Ehrenplatz einnehmen, und haben sie auch in Indien populär gemacht. Dort haben Einheimische im ganzen Land große Momo-Ladenketten aufgezogen. Der Momo ist Big Business geworden.

Momos sind im Prinzip Teigtaschen. In Tibet werden sie normalerweise gedämpft oder dampfgebraten. Da sie mit einem Weizenmehlteig zubereitet sind, haben sie mehr Biss als chinesische Teigtaschen oder japanische Gyoza und können mehr Füllung aufnehmen. Momos sind das ultimative Wohlfühlessen: Direkt aus dem Dampfgarer serviert, prall und saftig. In etwas Öl dampfgebraten sind sie im Mund so knusprig wie Potsticker. Es lohnt sich immer, eine große Menge zuzubereiten, dann können Sie sie auf beide Arten genießen, gedämpft in der ersten Runde und aufgewärmt in der Pfanne gebraten in der zweiten Runde.

Yeshi stellt für unseren Laden, unser Restaurant und den Essensstand wöchentlich Tausende Momos her, aber zu Hause in Tibet ist die Zubereitung von Momos eigentlich besonderen Gelegenheiten vorbehalten. Wenn Freunde und Verwandte zusammenkommen, helfen alle mit, und so wird das, was ansonsten eine zeitaufwendige Aufgabe sein kann – vor allem, wenn viele Münder zu stopfen sind –, zu einer leichten Arbeit.

Falls Sie es ausprobieren möchten, die Teigzubereitung Sie aber abschreckt, so sind in allen guten chinesischen Supermärkten fertige Teigtaschenblätter erhältlich. Man findet sie meistens in der Tiefkühlabteilung, und vor der Verwendung müssen sie über Nacht auftauen. Unnötig zu sagen, dass die besten Teigtaschen mit frischem, handgemachtem Teig zubereitet werden, und Momo-Teig ist vergleichsweise einfach herzustellen und zu verarbeiten. Sie werden also hoffentlich staunen, wie einfach es ist.

Die Hülle

Yeshi macht seit Kindertagen Momos. Für diese Kunst braucht es Erfahrung und Geschick. Ihre eigenen Momos werden aber wunderbar schmecken, egal, wie Sie sie falten. Seien Sie also möglichst nicht so sehr auf die Ästhetik fixiert, vor allem, wenn dies dem Spaß im Weg steht.

Legen Sie sich zu Beginn ein Teigblatt aufs Schneidebrett und geben Sie einen Esslöffel Füllung in die Mitte. Bei Anfängern gilt: Weniger ist mehr; mit wachsender Sicherheit können Sie mehr Füllung verwenden. Legen Sie vorsichtig eine Seite des Kreises über die Füllung auf die andere Seite und pressen Sie mit den Fingerspitzen, in der Mitte beginnend, die Ränder zusammen und fest auf das Brett (bei gekauften Teigblättern müssen Sie die Ränder vor dem Verschließen anfeuchten). Wenn der Momo nicht komplett zu ist, entweicht der Saft beim Dämpfen, achten Sie also möglichst darauf, dass keine Löcher mehr vorhanden sind.

Die fertigen Momos auf ein Holzbrett oder ein mit Backpapier ausgelegtes Backblech legen, dabei mindestens 1 cm Platz zwischen ihnen lassen, und mit einem Geschirrtuch zudecken, damit sie nicht austrocknen. Wiederholen, bis die Füllung oder der Teig aufgebraucht ist. Für Reste von Momo-Füllung gibt es Myriaden von Verwendungszwecken, je nachdem, was für eine Füllung es ist: in Suppen oder Salaten, wie es gerade passt. Teigreste lassen sich für *Tingmo* (gedämpftes Brot, Seite 167) aufrollen und zerteilen. Es ist ein köstlicher Begleiter zu vielen verschiedenen tibetischen Gerichten.

So fabriziert man die gebräuchlichsten Momo-Formen:

Halbmond

Das Teigblatt in die linke Hand legen (Linkshänder diese Anleitungen bitte spiegeln). Einen EL Füllung in die Mitte setzen, beide Seiten des Teigblattes zusammenführen und in der Mitte fest schließen. Das Ganze mit Daumen und Zeigefinger der linken Hand stabilisieren und nun mit Daumen und Zeigefinger der rechten Hand die Teigblattränder auf der rechten Seite verschließen. Dafür legen Sie mit dem Zeigefinger kleine Falten in Richtung der »Verbindung«, die Sie in der Mitte gemacht haben, und pressen mit dem Daumen von der anderen Seite des Teigblattes dagegen. Außerdem schiebt der Daumen die Füllung währenddessen nach innen. Auf der linken Momo-Seite wiederholen.

Rund

Diese Form kann kniffliger sein. Schauen Sie sich die einzelnen Schritte der Anleitung auf den Seiten 148–149 an. Wir machen die veganen Momos in dieser Form, aber es gibt keine Regeln!

Das Teigblatt in die linke Hand legen (Linkshänder diese Anleitungen bitte spiegeln). Mit der rechten Hand einen Esslöffel Füllung in die Mitte setzen, dann eine kleine Falte in den Teig kneifen. Stück für Stück weiter zukneifen und in Falten legen, dabei den Momo leicht drehen, während Sie sich rings herum voranarbeiten. Der Daumen sollte sich nicht bewegen: Während der Zeigefinger in einer kreisförmigen Bewegung weiterarbeitet, sollte jede Falte an die erste Falte stoßen, die vom Daumen gehalten wird. Mit dem Daumen der linken Hand behutsam nach Bedarf die Füllung nach innen drücken. Am Ende sollten Sie wieder am Ausgangspunkt ankommen. Mit einem letzten Kniff den Momo verschließen.

Tsi-tsi (»Maus«)

Auf diese Art falten Tibeter Teigtaschen traditionell für *Mothuk* (Momo in Suppe, Seite 163). Bei diesem Gericht werden sie in Brühe gegart und nicht gedämpft.

Das Teigblatt in die linke Hand legen (Linkshänder diese Anleitungen bitte spiegeln). Mit der rechten Hand 1 EL Füllung in die Mitte setzen und Ober- und Unterkante des Teigblattes am rechten Ende zusammenkneifen. Dann die Seiten des Teigblattes erst mit dem Zeigefinger der rechten Hand und dann mit dem Daumen die ganze Kante entlang immer im Wechsel und faltenweise zusammendrücken – dabei die Füllung mit dem linken Daumen nach innen schieben. Mit einem letzten Kniff den Momo verschließen.

Dämpfen

Dies ist die traditionelle tibetische Methode. Sie können einen Metall- oder einen Bambusdampfgarer verwenden. Bei einem Metalldampfgarer jeden Dämpfkorb etwas mit Öl einstreichen oder mit Backpapier auslegen, bei einem Bambusdampfgarer die Dämpfkörbe mit Backpapier auslegen. Die Momos müssen etwa 15 Minuten gedämpft werden, achten Sie aber in jedem Rezept auf die genaueren Zeitangaben. Das Wasser in der Basis des Dampfgarers oder im Wok sollte kochen, wenn die Dämpfkörbe aufgesetzt werden und die Garzeit läuft. Grundsätzlich sei gesagt, dass ein Gasherd heißer wird und daher schneller gart als ein Elektroherd; wenn Sie wissen, dass Ihre Kochflächen keine sehr hohe Hitze erreichen, müssen Sie zu den angegebenen Zeiten eventuell ein paar Minuten hinzurechnen.

Man kann durch leichtes Drücken testen, ob die Momos fertig sind. Wenn der Teig nicht am Finger klebt, sind sie gar. Das Wasser, über dem die Momos gedämpft wurden, lässt sich zu einer einfachen Beisuppe verarbeiten: Einfach etwas salzen und pur servieren oder auch ein wenig gehackten Spinat hinzugeben.

Dampfbraten

Wenn Sie keinen Dampfgarer besitzen, ist dies eine großartige Möglichkeit. Sie braten Ihre Momos im Prinzip, bis die Unterseite knusprig und golden ist, und legen dann den Deckel auf, sodass sie Dampf abgeben und durchgegart werden. Dafür eine große antihaftbeschichtete Bratpfanne (keinen Wok) auf hoher Stufe aufsetzen und 2 EL Kochöl hineinträufeln; darauf achten, dass der Pfannenboden komplett bedeckt ist. So viele Momos wie möglich vorsichtig in die Pfanne setzen und zwischen ihnen ein wenig Abstand lassen. Sollte das Öl sich an einer Seite der Pfanne sammeln, die Pfanne ein wenig neigen. Die Momos 1–2 Minuten anbraten, dann vorsichtig ca. 100 ml kochendes Wasser zugießen und einen Deckel auflegen oder die Pfanne mit Folie abdecken. 8–9 Minuten kochen lassen und die Hitze herunterstellen, sobald das Wasser verdampft ist; dies dauert ein paar Minuten. Gegen Ende der Garzeit sicherstellen, dass die Momos nicht anfangen, aneinander festzukleben; falls doch, mit einem Spatel vorsichtig trennen. Wenn die Momos gar sind, vorsichtig mit dem Spatel aus der Pfanne heben.

Dips und Soßen für Momos

Und schließlich sind ein Dip oder eine Soße dazu ganz wichtig! Wir empfehlen Tomaten-*Sepen* (Seite 191); den Chili kann man weglassen, wenn es nicht scharf sein soll. Ansonsten ist die Momo-Soße »Taste Tibet« (Seite 192) mit nur wenigen Zutaten leicht und super einfach. Yeshis Super-Salsa (Seite 198) hingegen passt ganz ausgezeichnet zu dampfgebratenen Momos. Taste Tibet-*Sepen* (Seite 188) sollte natürlich auch immer bereitstehen.

Essen

Achtung, Achtung! Momos direkt aus dem Dampfgarer oder aus der Pfanne enthalten richtig heiße Flüssigkeit. Das ist einerseits praktisch, denn sie halten die Wärme gut, wenn man sie portionsweise kocht, wenn Sie aber sofort losfuttern möchten, empfehlen wir die tibetische Methode: Nur eine kleine Ecke abbeißen, damit etwas kühlende Luft hineinkommt, die Flüssigkeit heraussaugen, bevor sie überall herausquillt, und dann kann man einen Dip in die hineingebissene Öffnung füllen oder den Momo in die Soße tunken.

Aufwärmen

Wie man die Momos auch gegart hat: Das Aufwärmen der Reste ist ein Genuss, vor allem, wenn sie beim ersten Mal gedämpft wurden.

Natürlich kann man sie in der Mikrowelle erwärmen oder noch einmal dämpfen – dabei behalten die Momos die Flüssigkeit gut –, doch angebraten in einer Pfanne mit flachem Boden (kein Wok) ist am besten. Wenn Sie eine wirklich gute antihaftbeschichtete Bratpfanne haben, ist Öl überflüssig. Falls Sie aber unsicher sind, ob die Momus ansetzen, oder wenn Sie einfach gern ein bisschen Öl wollen, geben Sie ein wenig in die Pfanne, bevor die Momos hineinkommen. Die Pfanne auf niedriger bis mittlerer Stufe aufsetzen, Momos hineingeben und einen Deckel oder Folie auflegen. 3–4 Minuten auf einer Seite etwas bräunen lassen, dann wenden und von der anderen Seite 3–4 Minuten bräunen lassen. Ab und zu überprüfen, dass sie nicht anbrennen.

Aufgewärmt sind die Momos etwas trockener als frisch aus dem Dampfgarer, doch sie sind in einer Art und Weise kross, die unwiderstehlich ist.

Schritt 1:
Wenn Sie so weit sind, die Momos zu füllen, zu umhüllen und zu falten, rollen Sie immer je ein Teigblatt aus; drehen Sie es dabei im Uhrzeigersinn.

Schritt 4:
Den Teig etwas zusammenkneifen, um eine Falte zu legen; mit dem Daumen zugleich vorsichtig und wenn nötig die Füllung nach innen schieben.

Schritt 5:
Weiter rings herum zusammenkneifen und den Teig in Falten legen, dabei den Momo etwas drehen.

Schritt 2:
Das Teigblatt in der einen Hand halten.

Schritt 3:
1 EL Füllung in die Mitte geben.

Schritt 6:
Wenn Sie wieder am Anfang ankommen, den Momo mit einem letzten Kniff verschließen.

Schritt 7:
Mit den restlichen Teigblättern und der restlichen Füllung wiederholen.

Himmlische vegane Momos

Ergibt ca. 40 Momos

Für dieses Gericht ist Taste Tibet wohl am berühmtesten – wir verkaufen enorme Mengen dieser Momos in unserem Restaurant und am Stand. Sie sind fast genauso gesund, wie sie sich anhören, und viele überzeugte Fleischesser mögen sie sogar lieber. Mit Taste Tibet-*Sepen* (Seite 188), Momo-Soße »Taste Tibet« (Seite 192) oder Walnuss-Chili-Dip (Seite 197) servieren.

Für den Teig

500 g Mehl mit 3 TL (15 g) Backpulver plus Mehl zum Bestäuben

Für die Füllung

1 Spitzkohl, ca. 500 g, oder ein anderer grüner Kohl gleichen Gewichts
200 g Spinat
200 g chinesischer Schnittlauch
2 TL Salz
2 EL Kochöl

VEGAN

Für den Teig das Mehl in eine Schüssel geben. Langsam mit der einen Hand ca. 200 ml warmes Wasser ins Mehl gießen – eine Temperatur wie zum Hände-heiß-Waschen ist gut – und zugleich mit der anderen Hand beides vermischen. Nur so viel Wasser nehmen, dass sich ein Teig bildet, er soll nicht zu klebrig werden. Kneten, bis der Teig in der Schüssel eine Kugel bildet, dann zudecken und 15–20 Minuten beiseite stellen.

In der Zwischenzeit die Füllung zubereiten. Den Kohl waschen und sehr fein zerkleinern, dann in eine große Schüssel geben. Den Spinat gründlich waschen, fein hacken und in die Schüssel geben. Salz und Öl hinzufügen und mit den Händen ins Gemüse »massieren«; dies hilft, überschüssige Flüssigkeit auszudrücken. 5 Minuten beiseite stellen.

Das Gemüse in ein Sieb füllen und fest mit den Händen hinunterdrücken, damit möglichst viel Flüssigkeit austritt. Das Gemüse wieder in die Schüssel geben. Schnittlauch sehr fein hacken und in die Füllung rühren.

Den Teig aus der Schüssel nehmen und einige Minuten lang kneten, dann in 4 gleich große Stücke aufteilen und wieder in die Schüssel legen. Die Arbeitsfläche leicht bemehlen; nicht zu stark, sonst könnte der Teig zu fest werden, und die Momos lassen sich später schwerer formen.

Ein Teigstück herausnehmen, die anderen zugedeckt in der Schüssel lassen, damit sie nicht austrocknen. Den Teig zu einer 25 cm langen Wurst formen, in 10 gleich große Stücke schneiden und jedes mit der Hand etwas flach drücken.

Die Teigblätter einzeln bearbeiten. Das flach gedrückte Teigstück mit einer Teigrolle schnell und fest nach oben und nach unten schiebend und ziehend bearbeiten; das Teigstück dabei mit der freien Hand halten und nach und nach etwas drehen. Die Mitte sollte am Schluss etwas dicker sein als die Ränder, und das Teigblatt sollte Ihre Handfläche ausfüllen; es muss kein perfekter Kreis sein.

Wenn Sie so weit sind, die Momos zu füllen, zu umhüllen und zu formen, den Anweisungen auf Seite 144–146 folgen (der Ablauf ist auf Seite 148–149] dargestellt) und die Momos so formen, wie Sie mögen.

Am besten gelingen diese Momos 13–16 Minuten gedämpft über großer Hitze (Seite 146). Entsprechend der Größe Ihres Dampfgarers portionsweise dämpfen.

Momos mit Rindfleischfüllung

Ergibt ca. 40 Momos

In Tibet macht man diese Momos normalerweise mit Yakfleisch, aber Rindfleisch ist ein sehr guter Ersatz. Als ich Yeshi in Indien zum ersten Mal begegnete, hackte er ein Rumpsteak für dieses Gericht. In einem Land, in dem man Fleisch nicht in großen Mengen verzehrt – vor allem Rindfleisch nicht, denn für Hindus sind Kühe heilig – kamen sämtliche Nachbarkatzen angeflitzt in der Hoffnung, etwas von diesem verbotenen Genuss abzubekommen. Die Momos waren die allerköstlichsten, die ich je gegessen hatte, und enthielten alle natürlichen Fette eines guten Stücks Rindfleisch. Servieren Sie sie mit Yeshis Super-Salsa (Seite 198), Tomaten-*Sepen* (Seite 191) oder Momo-Soße »Taste Tibet« (Seite 192).

Für den Teig

500 g Mehl mit 3 TL (15 g) Backpulver plus Mehl zum Bestäuben

Für die Füllung

1 rote Zwiebel
2 große Knoblauchzehen, fein gehackt
500 g Rinderhack, idealerweise mit 15–20 % Fettanteil
50 g Spinat oder Spitzkohl, gewaschen, fein gehackt
2 TL Kochöl
2 TL Salz

Für den Teig das Mehl in eine Schüssel geben. Langsam mit einer Hand ca. 250 ml warmes Wasser ins Mehl gießen – eine Temperatur wie zum Hände-heiß-Waschen ist gut – und zugleich mit der anderen Hand beides vermischen. Nur so viel Wasser nehmen, dass sich ein Teig bildet, er soll nicht zu klebrig werden. Kneten, bis der Teig in der Schüssel eine Kugel bildet, dann zudecken und 15–20 Minuten beiseite stellen.

In der Zwischenzeit alle Zutaten für die Füllung in eine Schüssel geben, 100 ml kaltes Wasser zugießen und gründlich vermengen, am besten mit den Händen.

Den Teig aus der Schüssel nehmen und einige Minuten lang kneten, dann in 4 gleich große Stücke aufteilen und wieder in die Schüssel legen. Die Arbeitsfläche leicht bemehlen; nicht zu stark, sonst könnte der Teig zu fest werden, und die Momos lassen sich später schwerer formen.

Ein Teigstück herausnehmen, die anderen zugedeckt in der Schüssel lassen, damit sie nicht austrocknen. Den Teig zu einer 25 cm langen Wurst ausrollen, in 10 gleich große Stücke schneiden und jedes mit der Hand etwas flach drücken.

Die Teigblätter einzeln bearbeiten. Das flach gedrückte Teigstück mit einer Teigrolle schnell und fest nach oben und nach unten schiebend und ziehend bearbeiten; das Teigstück dabei mit der freien Hand halten und nach und nach etwas drehen. Die Mitte sollte am Schluss etwas dicker sein als die Ränder, und das Teigblatt sollte Ihre Handfläche ausfüllen; es muss kein perfekter Kreis sein.

Wenn Sie so weit sind, die Momos zu füllen, einzuwickeln und zu formen, den Anweisungen auf Seite 144–146 folgen und die Momos so formen, wie Sie mögen.

Diese Momos schmecken entweder gedämpft oder dampfgebraten (Seite 146) sehr lecker. Gedämpft brauchen sie 15–16 Minuten auf hoher Stufe, beim Dampfbraten ungefähr 12 Minuten insgesamt. Je nach Größe von Dampfgarer oder Bratpfanne portionsweise garen.

Yeshi sagt: »Die besten Rindfleisch-Momos sind sehr saftig, und beim ersten Bissen läuft der Saft heraus. Vorsichtig sein – Momo-Spritzer haben es in sich!«

Momos mit Käse

Ergibt ca. 40 Momos

Diese Momos bereitet Yeshis Mutter unheimlich gern zu. Tibetischer Käse ist geschmacklich komplex: scharf-süß und mit Kräuternoten – bestens geeignet für köstliche Teigtaschen. Feta ist hier ein guter Ersatz, er ist genauso säuerlich und cremig wie tibetische Käsesorten, und aufgrund der krümeligen Textur ist die Füllung schnell vorbereitet. Yeshis Mutter kombiniert den Käse gern mit Pak Choi; den pflückt sie, wenn er noch jung und zart ist. Probieren Sie also Pak Choi, wenn Sie welchen finden. Ansonsten macht Spinat die Momos sehr saftig, und die Stiele sind schön knackig, werfen Sie sie also nicht weg, wenn Sie den Spinat hacken. Servieren Sie die Käse-Momos mit Tomaten-*Sepen* (Seite 191) oder Walnuss-Chili-Dip (Seite 197).

Für den Teig

500 g Mehl mit 3 TL (15 g) Backpulver plus Mehl zum Bestäuben

Für die Füllung

3 Bund ganzer Blattspinat, insgesamt ca. 500 g

1 TL Salz

2 EL Kochöl

200 g Fetakäse, fein gewürfelt

Für den Teig das Mehl in eine Schüssel geben. Langsam mit einer Hand ca. 250 ml warmes Wasser ins Mehl gießen – eine Temperatur wie zum Hände-heiß-Waschen ist gut – und zugleich mit der anderen Hand beides vermischen. Nur so viel Wasser nehmen, dass sich ein Teig bildet, er soll nicht zu klebrig werden. Kneten, bis der Teig in der Schüssel eine Kugel bildet, dann zudecken und 15–20 Minuten beiseite stellen.

In der Zwischenzeit die Füllung zubereiten. Den Spinat fein hacken, die Stücke sollten idealerweise nur 5 mm klein sein. In eine große Schüssel geben, die Schüssel mit Wasser füllen und zum Waschen den Spinat mit den Händen im Wasser hin und her schwenken. 2 Minuten stehen lassen, dann noch einmal bewegen. Den Spinat in ein Sieb geben und 1 oder 2 Minuten abtropfen lassen. Schüssel ausspülen und den Spinat wieder hineingeben. Salz und Öl hinzugeben und mit der Hand gründlich vermengen, dann ca. 5 Minuten stehen lassen.

Den Fetakäse in eine andere Schüssel geben. Nun den Spinat portionsweise hinzufügen; beim Hochnehmen den Spinat zwischen den Händen ausquetschen, damit die überschüssige Flüssigkeit zurück in die Schüssel mit dem Spinat tropft, und erst dann zum Feta geben (sonst weichen die Momos durch und lassen sich schlecht formen). Spinat und Feta gründlich vermengen.

Nun den Teig aus der Schüssel nehmen und einige Minuten lang kneten, dann in 4 gleich große Stücke aufteilen und wieder in die Schüssel legen. Die Arbeitsfläche leicht bemehlen; nicht zu stark, sonst könnte der Teig zu fest werden, und die Momos lassen sich später schwerer formen.

Ein Teigstück herausnehmen, die anderen zugedeckt in der Schüssel lassen, damit sie nicht austrocknen. Den Teig zu einer ca. 25 cm langen

Fortsetzung auf der nächsten Seite >

> Momos mit Käse *Fortsetzung*

Wurst ausrollen, in 10 gleich große Stücke schneiden und jedes mit der Hand etwas flach drücken.

Die Teigblätter einzeln bearbeiten. Das flach gedrückte Teigstück mit einer Teigrolle schnell und fest nach oben und nach unten schiebend und ziehend bearbeiten; das Teigstück dabei mit der freien Hand halten und nach und nach etwas drehen. Die Mitte sollte am Schluss etwas dicker sein als die Ränder, und das Teigblatt sollte Ihre Handfläche ausfüllen; es muss kein perfekter Kreis sein.

Wenn Sie so weit sind, die Momos zu füllen, einzuwickeln und zu formen, den Anweisungen auf Seite 144–146] folgen und die Momos so formen, wie Sie mögen.

Am besten gelingen diese Momos, wenn man sie auf hoher Stufe etwa 13–16 Minuten dämpft (Seite 146). Je nach Größe des Dampfgarers portionsweise garen.

Yeshi sagt: »Falls Sie Füllung übrig haben, macht sie sich gut in einem Salat. Einfach zum Beispiel etwas klein geschnittene rote Zwiebel oder Avocado dazugeben, und fertig.«

Momos mit Tofu, Chinakohl und Pilzen

Ergibt ca. 40 Momos

Wenn Sie gern Pilze essen, ist dies die richtige Füllung für Sie. Tofu und Chinakohl nehmen natürlicherweise die Aromen von anderem Gemüse, mit dem sie zusammen gekocht werden, sehr gut auf. Der Pilzgeschmack herrscht hier also vor, doch die Textur ist vielfältig. Nehmen Sie gern auch anderes Gemüse nach Belieben – Spitzkohl passt zum Beispiel sehr gut anstelle des Chinakohls. Servieren Sie Taste Tibet-*Sepen* (Seite 188), Tomaten-*Sepen* (Seite 191) oder Momo-Soße »Taste Tibet« (Seite 192) dazu.

Für den Teig

500 g Mehl mit 3 TL (15 g) Backpulver plus Mehl zum Bestäuben

Für die Füllung

250 g braune Champignons

200 g Pak Choi

½ Chinakohl, ca. 225 g

4 Frühlingszwiebeln/Schalotten, gewaschen, dünn geschnitten

2 TL Salz

2 EL Kochöl

1 TL Koriandersamen

225 g fester Tofu

VEGAN

Für den Teig das Mehl in eine Schüssel geben. Langsam mit einer Hand ca. 250 ml warmes Wasser ins Mehl gießen – eine Temperatur wie zum Hände-heiß-Waschen ist gut – und zugleich mit der anderen Hand beides vermischen. Nur so viel Wasser nehmen, dass sich ein Teig bildet, er soll nicht zu klebrig werden. Kneten, bis der Teig in der Schüssel eine Kugel bildet, dann zudecken und 15–20 Minuten beiseitestellen.

In der Zwischenzeit die Füllung zubereiten. Die Pilze sauber wischen, sehr klein schneiden und in eine große Schüssel geben. Die Pak Choi-Köpfe der Länge nach halbieren. Jede Hälfte der Länge nach von unten nach oben und dann der Breite nach in Streifen schneiden, sodass der Pak Choi am Ende sehr fein geschnitten ist. Zu den Pilzen in die Schüssel geben. Den Chinakohl ebenso klein schneiden und mit Frühlingszwiebeln, Salz und Öl in die Schüssel geben.

Alles gut vermengen, am besten mit der Hand; es tritt Flüssigkeit aus. Nun das Gemisch in ein Sieb füllen, das im Ausguss steht, damit die überschüssige Flüssigkeit abläuft. 5 Minuten stehen lassen, dann das Gemüse behutsam mit den Händen hinunterdrücken, um möglichst viel Flüssigkeit auszupressen (wenn die Füllung zu nass ist, lassen sich die Momos schlecht formen, weil der Teig durchweicht). Füllung wieder in die Schüssel geben, Koriandersamen hinzufügen und Tofu hineinkrümeln, dann alles gründlich vermengen.

Den Teig aus der Schüssel nehmen und einige Minuten lang kneten, dann in 4 gleich große Stücke aufteilen und wieder in die Schüssel legen. Die Arbeitsfläche leicht bemehlen; nicht zu stark, sonst könnte der Teig zu fest werden, und die Momos lassen sich später schwerer formen.

Fortsetzung auf der nächsten Seite >

Ein Teigstück herausnehmen, die anderen zugedeckt in der Schüssel lassen, damit sie nicht austrocknen. Den Teig zu einer ca. 25 cm langen Wurst ausrollen, in 10 gleich große Stücke schneiden und jedes mit der Hand etwas flach drücken.

Die Teigblätter einzeln bearbeiten. Das flach gedrückte Teigstück mit einer Teigrolle schnell und fest nach oben und nach unten schiebend und ziehend bearbeiten; das Teigstück dabei mit der freien Hand halten und nach und nach etwas drehen. Die Mitte sollte am Schluss etwas dicker sein als die Ränder, und das Teigblatt sollte Ihre Handfläche ausfüllen; es muss kein perfekter Kreis sein.

Wenn Sie bereit sind, die Momos zu füllen, einzuwickeln und zu formen, den Anweisungen auf Seite 144–148 folgen und die Momos so formen, wie Sie mögen.

Diese Momos sind gedämpft oder dampfgebraten köstlich (Seite 146): Entweder auf hoher Stufe etwa 13–16 Minuten dämpfen oder ca. 12 Minuten dampfbraten. Je nach Größe des Dampfgarers oder der Pfanne portionsweise garen.

Yeshi sagt: »Wenn Sie noch etwas chinesischen Schnittlauch haben, passt er sehr gut in diese Füllung und steuert hübsche Farbtupfer in den Momos bei. Ein Bund – ca. 60 g – ist eine gute Menge.«

Shogo Momos (Momos mit würziger Kartoffelfüllung)

Ergibt ca. 30–35 Momos
Auch diese Momos gehören zu den Favoriten von Yeshis Mutter. Sie gibt gern getrocknetes Lamm- oder Schweinefett dazu. Das verleiht den Teigtaschen natürlich eine ganz andere Dimension; die hier beschriebene Version aber ist vegan.

Kartoffel-Momos haben etwas so rundum Wohltuendes an sich – sie rufen eindringlich Erinnerungen an die Kindheit wach. Der gemahlene Kreuzkümmel in dieser Füllung gibt ihnen Wärme, der eigentliche Trick ist aber, den richtigen Dip für sie zu finden. Tomaten-*Sepen* (Seite 191) ist eine sehr gute Wahl, aber wenn Sie etwas suchen, das eher scharf als feurig ist, empfehlen wir Yeshis Super-Salsa (Seite 198).

Für den Teig
500 g Mehl mit 3 TL (15 g) Backpulver plus Mehl zum Bestäuben
Für die Füllung
700 g Kartoffeln (weiß, rot oder gemischt), gewaschen, mit Schale
1 EL Salz
2 EL Kochöl
1 EL gemahlener Kreuzkümmel
125 g junger Spinat oder 2–3 Frühlingszwiebeln/Schalotten, gewaschen, fein gehackt

VEGAN

Für den Teig das Mehl in eine Schüssel geben. Langsam mit einer Hand ca. 250 ml warmes Wasser ins Mehl gießen – eine Temperatur wie zum Hände-heiß-Waschen ist gut – und zugleich mit der anderen Hand beides vermischen. Nur so viel Wasser nehmen, dass sich ein Teig bildet, er soll nicht zu klebrig werden. Kneten, bis der Teig in der Schüssel eine Kugel bildet, dann zudecken und 15–20 Minuten beiseite stellen.

In der Zwischenzeit die Füllung zubereiten. Kartoffeln waschen und reiben (große Löcher auf der Reibe). Mit Salz, Öl und Kreuzkümmel in eine Schüssel geben und mit der Hand gründlich vermengen, dann 5 Minuten stehen lassen. Nun das Gemisch mit den Händen in ein Sieb füllen, das im Ausguss steht, damit die überschüssige Flüssigkeit abläuft. Das Gemisch behutsam mit den Händen hinunterdrücken, um möglichst viel Flüssigkeit auszupressen (sonst weichen die Momos durch und lassen sich schlecht formen). Füllung wieder in die Schüssel geben.

Den Teig aus der Schüssel nehmen und einige Minuten lang kneten, dann in 4 gleich große Stücke aufteilen und wieder in die Schüssel legen. Die Arbeitsfläche leicht bemehlen; nicht zu stark, sonst könnte der Teig zu fest werden, und die Momos lassen sich später schwerer formen.

Ein Teigstück herausnehmen, die anderen zugedeckt in der Schüssel lassen, damit sie nicht austrocknen. Den Teig zu einer ca. 25 cm langen Wurst ausrollen, in 10 gleich große Stücke schneiden und jedes mit der

Fortsetzung auf der nächsten Seite >

> Shogo Momos *Fortsetzung*

Hand etwas flach drücken (Anmerkung: Diese Momos werden etwas größer geraten als einige andere in diesem Buch; traditionell macht man diese ein wenig dicker).

Die Teigblätter einzeln bearbeiten. Das flach gedrückte Teigstück mit einer Teigrolle schnell und fest nach oben und nach unten schiebend und ziehend bearbeiten; das Teigstück dabei mit der freien Hand halten und nach und nach etwas drehen. Die Mitte sollte am Schluss etwas dicker sein als die Ränder, und das Teigblatt sollte Ihre Handfläche ausfüllen; es muss kein perfekter Kreis sein.

Wenn Sie bereit sind, die Momos zu füllen, einzuwickeln und zu formen, den Anweisungen auf Seite 144–146 folgen und die Momos so formen, wie Sie mögen.

Am besten gelingen diese Momos, wenn man sie auf hoher Stufe etwa 13–16 Minuten dämpft (Seite 146). Je nach Größe des Dampfgarers portionsweise garen.

Mothuk (Momos in Suppe)

Für 4–6 Portionen (ergibt ca. 40–45 Momos)

Suppen und Brühen sind ein ganz wichtiger Teil der tibetischen Küche. Sie helfen, in der extremen tibetischen Kälte Hände und Bäuche warm zu halten, und fördern zudem die Verdauung. Die richtige Balance zwischen trockenen und nassen Speisen zu finden, ist laut der traditionellen tibetischen Medizin ein wichtiges Prinzip der gesunden Ernährung. Zu Momos gibt es normalerweise eine Suppe, die aus dem Wasser zubereitet wird, über dem sie gedämpft wurden, doch mit *Mothuk* hat man alles in einer Schale. Servieren Sie Yeshis Super-Salsa (Seite 198) dazu oder geben Sie etwas Taste Tibet-*Sepen* (Seite 188) hinein, vielleicht auch ein wenig Szechuanpfefferöl.

Für den Teig

350 g Allzweckmehl plus Mehl zum Bestäuben

Für die Füllung

350 g Rinderhack, am besten mit einem Fettanteil von 15–20 %
1 große Knoblauchzehe, fein gehackt
½ rote Zwiebel, fein gehackt
¾ TL Salz
2 TL Kochöl
1 kleine Handvoll fein gehackter Kohl – optional
schwarzer Pfeffer nach Geschmack

Für die Brühe

1 EL Kochöl
2 große Knoblauchzehen, dünn geschnitten
1 kleine rote Zwiebel, dünn geschnitten
150 g Spinat, chinesischer Senfkohl oder anderes Blattgemüse der Saison
1 EL helle Sojasoße
½ EL schwarzer Chinkiang-Essig
½ EL Sesamöl
1 TL Salz
Frühlingszwiebeln/Schalotten oder Koriandergrün, gehackt, zum Garnieren
Szechuanpfefferöl – optional

Zum Vorbereiten des Teigs für die Momo-Teigblätter das Mehl in eine Schüssel geben. Langsam mit einer Hand ca. 160 ml warmes Wasser ins Mehl gießen – eine Temperatur wie zum Hände-heiß-Waschen ist gut – und zugleich mit der anderen Hand beides vermischen. Nur so viel Wasser nehmen, dass sich ein Teig bildet, er soll nicht zu klebrig werden. Kneten, bis der Teig in der Schüssel eine Kugel bildet, dann zudecken und 15–20 Minuten beiseite stellen.

In der Zwischenzeit für die Füllung alle Zutaten mit 50 ml Wasser (2 ½ EL) in eine Schüssel geben und gründlich vermengen, am besten mit den Händen.

Den Teig aus der Schüssel nehmen und einige Minuten lang kneten, dann in 3 gleich große Stücke aufteilen und wieder in die Schüssel legen. Die Arbeitsfläche leicht bemehlen; nicht zu stark, sonst könnte der Teig zu fest werden, und die Momos lassen sich später schwerer formen.

Ein Teigstück herausnehmen, die anderen zugedeckt in der Schüssel lassen, damit sie nicht austrocknen. Den Teig zu einer ca. 25 cm langen Wurst ausrollen, in 14–15 gleich große Stücke zu je ca. 15 g schneiden – *Mothuk*-Teigtaschen werden kleiner gemacht als andere Momos. Alle Stücke mit der Hand etwas flach drücken.

Die Teigblätter einzeln bearbeiten. Das flach gedrückte Teigstück mit einer Teigrolle schnell und fest nach oben und nach unten schiebend und ziehend bearbeiten; das Teigstück dabei mit der freien Hand halten und nach und nach etwas drehen. Die Mitte sollte am Schluss etwas dicker sein als die Ränder, und das Teigblatt sollte Ihre Handfläche ausfüllen; es muss kein perfekter Kreis sein.

Fortsetzung auf der nächsten Seite >

> Mothuk *Fortsetzung*

Wenn Sie bereit sind, die Momos zu füllen, einzuwickeln und zu formen, den Anweisungen auf Seite 144–146 folgen. Für ***Mothuk*** geben Tibeter diesen Teigtaschen normalerweise die ***Tsi-Tsi***-Form (»Maus«-Form), Sie können aber auch eine leichtere Form wählen, wenn Sie mögen; Hauptsache, die Teigtaschen sind gut geschlossen.

Für die Brühe das Öl in einem großen Topf oder Wok auf mittlerer bis hoher Stufe erhitzen. Wenn es anfängt zu rauchen, Knoblauch und Zwiebel hineingeben und anbraten, bis sie gebräunt sind, dann vorsichtig – es könnte spritzen – 1 l kochendes Wasser zugießen.

Den Spinat waschen, grob hacken und noch einmal abspülen. Wenn das Wasser im Topf sprudelnd kocht, Spinat oder Blattgemüse und Teigtaschen hineingeben und behutsam umrühren (sollte noch Teig übrig sein, können Sie ihn zu einer Wurst ausrollen, etwas flach drücken, dann kleine Stückchen davon abziehen und in die Brühe geben). Nun Sojasoße, Essig, Sesamöl und Salz hinzufügen. Erneut zum Kochen bringen, dann die Hitze auf mittlere Stufe reduzieren und 6–7 Minuten köcheln lassen oder bis die Momos durchgegart sind.

Mit Frühlingszwiebeln oder Koriandergrün garnieren. Frühlingszwiebeln ein paar Minuten in der Brühe ziehen lassen, dann Teigtaschen und Suppe in Schalen schöpfen und servieren.

Tingmo (gedämpftes Brot)

Für 4–6 Portionen

Tingmo ist ein wunderbar leichter Begleiter zu tibetischen Gerichten aller Art – Fleisch- und Gemüsesaft saugt es nur allzu gern auf. In Yeshis Dorf ist *Tingmo* ein Grundnahrungsmittel, und er erlernte die Zubereitung als Kind, draußen im Gebirge.

Zudem ist es ein sehr gesundes Brot. Den Zucker kann man ruhig weglassen, denn er dient lediglich dazu, der Textur eine weiche Note zu geben. Das gilt auch für die Eier, falls eine vegane Version gewünscht ist. Die *Tingmos* werden so oder so super luftig. *Tingmos* können Sie zu Gerichten aller Art servieren, und zum Frühstück mit geschmolzener Butter und Honig schmecken sie herrlich. Reste schmecken zimmerwarm, man kann sie aber auch wie Momos aufwärmen: Von jeder Seite ein paar Minuten in der Bratpfanne angebraten, werden sie etwas knusprig.

450 g Mehl mit 2 ½ TL (13 g) Backpulver plus Mehl zum Bestäuben
1 ¼ TL Trockenhefe
2 TL Olivenöl plus Öl zum Beträufeln
1 ¼ TL Feinzucker – optional
2 Eier – optional

Mehl abwiegen und in eine Schüssel geben; Hefe, Olivenöl und Feinzucker (falls verwendet) hinzugeben. Die Eier – für *Tingmo* ohne Ei stattdessen 100 ml warmes Wasser – hinzugeben. Mit einer Hand vermischen und zugleich mit der anderen Hand 150 ml warmes Wasser zugießen. Den Teig in der Schüssel kneten, bis eine weiche Kugel entstanden ist. Zudecken und 20 Minuten beiseite stellen; nach 10 Minuten den Teig in der Schüssel leicht durchkneten.

Den fertigen Teig herausnehmen und auf der Arbeitsfläche mit beiden Händen kneten, bis er geschmeidig ist, dann zu einer Kugel rollen. In 3 gleich große Stücke zerteilen, 2 wieder in die Schüssel geben und zudecken.

Das dritte Stück mit einer Teigrolle auf einer bemehlten Arbeitsfläche ausrollen; dabei immer wieder wenden. Es soll ausgerollt 2 mm dick und 30–40 cm breit sein.

1 TL Olivenöl über die Mitte des Teigs träufeln und die Ränder vorsichtig mehrmals zur Mitte und zurück schlagen, sodass die gesamte Fläche mit dem Öl in Kontakt kommt. Den Teig von einer Seite her aufrollen – das Ergebnis sollte aussehen wie ein großer, aufgerollter Pfannkuchen (wie auf Seite 169 zu sehen). Mit einem scharfen Messer die Teigrolle schräg in 5 cm breite Scheiben schneiden.

Die Tingmo-Stücke können sofort in dieser Form in den Dampfgarer gesetzt werden. Sollen sie dekorativ geformt werden, so ist jetzt der Moment dafür: Ein Essstäbchen fest in die Mitte der *Tingmos* drücken, sodass sich die Schichten auf beiden Seiten auffächern, dann das Tingmo vorsichtig verdrehen und das Essstäbchen herausziehen. Jetzt sieht das *Tingmo* aus wie eine Blume.

Fortsetzung auf der nächsten Seite **>**

> Tingmo *Fortsetzung*

Die beiden übrigen Teigportionen ebenso ausrollen, schneiden und formen.

Beim Bambusdampfgarer die Dämpfkörbe mit Backpapier auslegen. Wird ein Metalldampfgarer verwendet, etwas Öl auf die Hände träufeln und die Innenseite des Dämpfkorbs leicht ölen. Die ***Tingmos*** mit 2,5 cm Abstand zueinander in die Dämpfkörbe setzen (wird mit nur einem Dämpfkorb gearbeitet, müssen die Brote in mehreren Portionen gedämpft werden).

Etwa 1,5 l Wasser in die Basis des Dampfgarers (werden Bambusdämpfkörbe verwendet, in den Wok) füllen und zum Kochen bringen; die ***Tingmos*** können während des Aufheizens im Dampfgarer stehen. Wenn das Wasser anfängt zu kochen, die ***Tingmos*** 10–12 Minuten dämpfen, dann vorsichtig herausnehmen und heiß servieren.

Balep (tibetisches Fladenbrot)

Ergibt 6 Stück
Balep ist sehr einfach und schnell gemacht. Es besitzt alle guten Eigenschaften von Hefebroten – außen kross, innen luftig –, ohne dass Hefe verwendet wird oder auch nur ein Ofen. Nur mit Wasser, Mehl und einer Herdplatte hat man binnen einer halben Stunde frisches, aromatisches Brot. Bei dieser Version sind Eier und Milch enthalten, damit es extraluftig wird. Nur mit Mehl und Wasser wird es ein köstliches veganes *Balep* (Seite 172).

Genießen Sie dieses vielseitige Brot zum Frühstück mit Butter oder in warmen Honig getunkt, wie die Tibeter es machen, oder aber zu Suppen, Eintöpfen und Wok-Gerichten. Ich habe außerdem herausgefunden, dass es mit Hummus oder Erdnussmus sehr lecker ist, ganz prima Salatsoßen auftunkt und auch sehr gut zu Currys passt.

500 g Mehl mit 3 TL (15 g) Backpulver plus Mehl zum Bestäuben
2 Eier
100 ml Vollmilch

VEGETARISCH

Das Mehl in eine Schüssel geben. Die Eier in die Schüssel aufschlagen und mit einer Hand in das Mehl mischen; zugleich die Milch gefolgt von 50 ml (2 ½ EL) warmem Wasser zugießen. Wenn sich alles zu einem Teig verbindet, diesen mehrere Minuten gut kneten, bis er in der Schüssel eine schöne Kugel bildet; dann zudecken und 10 Minuten beiseite stellen.

Den Teig aus der Schüssel nehmen und 2–3 Minuten kneten – das gibt Muskeln! – und schließlich in 6 gleich große Stücke aufteilen. Diese zwischen den Handflächen jeweils zu einer Kugel rollen.

Die Arbeitsfläche etwas bemehlen und eine Teigkugel mit der Hand etwas flach drücken. Mit einer Teigrolle ausrollen, dabei das Teigstück oft wenden und, falls nötig, etwas mehr Mehl auf die Arbeitsfläche streuen. Das Fladenbrot zum Formen zwischen den Handflächen klopfen und schieben; es soll kreisrund mit einem Durchmesser von ca. 12 cm und etwa 1 cm dick sein; in der Mitte vielleicht etwas dicker.

Eine Bratpfanne auf mittlerer Stufe aufsetzen; Öl ist nicht nötig. Wenn die Pfanne heiß ist, das erste Fladenbrot vorsichtig hineinlegen. Etwa eine Minute backen oder bis es ein paar Blasen bekommt und aufgeht, dann wenden und noch eine Minute backen (wenn ein Deckel für die Pfanne vorhanden ist, können Sie ihn jetzt auflegen, damit das Brot besser dampfen und durchbacken kann).

Die Hitze auf niedrige Stufe reduzieren und das Brot weitere 2–3 Minuten backen, dabei gelegentlich wenden. Wenn es fertig ist, sollte es braune Stellen haben und sich elastisch anfühlen, wenn man den Finger hineindrückt. Hinterlässt der Finger eine Vertiefung, muss es noch weiterbacken.

Mit den restlichen 5 Teigstücken wiederholen.

Veganes Balep (veganes Fladenbrot)

Ergibt 4 Stück

Dies ist das einfachste Nahrungsmittel überhaupt: Sie brauchen nur Mehl und Wasser. Yeshis Familie backt dieses einfache Brot ständig, und zwar über dem Feuer in einer Art Wok. Es ist super leicht und luftig und kann zu jeder Tageszeit verzehrt werden, mit etwas Süßem oder als Begleiter zu herzhaften Gerichten. Wenn Sie mehr zubereiten als Sie brauchen, kann es in einem luftdichten Behälter etwa einen Tag aufbewahrt und im Toaster bei sehr kurzer Einstellung aufgewärmt werden (vorher aufschneiden).

400 g Mehl mit 2 ½ TL (12 g) Backpulver plus Mehl zum Bestäuben

Das Mehl in eine Schüssel geben und mit einer Hand anfangen zu kneten; zugleich mit der anderen Hand 200 ml warmes Wasser zugießen. Gerade genug Wasser zugeben, um einen Teig herzustellen – er soll nicht zu klebrig werden. Den Teig kraftvoll bearbeiten, bis eine feste Teigkugel in der Schüssel ist. Zudecken und 10 Minuten beiseite stellen.

Den Teig aus der Schüssel nehmen, in 4 gleich große Stücke zerteilen und jedes zwischen den Handflächen zu einer Kugel rollen.

Die Arbeitsfläche etwas bemehlen und eine Teigkugel mit der Hand etwas flach drücken. Mit einer Teigrolle auf und ab ausrollen, dabei das Teigstück oft wenden und, falls nötig, etwas mehr Mehl auf die Arbeitsfläche streuen. Das Fladenbrot zum Formen zwischen den Handflächen klopfen und schieben; es soll kreisrund mit einem Durchmesser von ca. 12 cm sein und etwa 1 cm dick; in der Mitte vielleicht etwas dicker.

Eine Bratpfanne auf hoher Stufe aufsetzen; Öl ist nicht nötig. Wenn die Pfanne sehr heiß ist, die Hitze auf mittlere Stufe verringern und das erste Fladenbrot vorsichtig hineinlegen. Einige Minuten backen und währenddessen die anderen Teigstücke ausrollen.

Nach 3–4 Minuten sollte das Brot in der Pfanne leicht aufgehen und kleine Blasen bilden. Das Brot wenden und von der zweiten Seite weitere 2–3 Minuten backen. Wenn sich große Blasen bilden, diese behutsam mit einem Holzlöffel oder Spatel hinunterdrücken, das bewirkt, dass die Luft anderswo aufsteigt. Diese Blasen ebenfalls hinunterdrücken.

Wenn das Brot fertig ist, sollte es braune Stellen haben und sich elastisch anfühlen, wenn man den Finger hineindrückt. Hinterlässt der Finger eine Vertiefung, muss es noch weiterbacken.

Mit den restlichen Fladenbroten wiederholen.

Unsere Tochter Choenyi in einer Klosteranlage in Osttibet.

Luftiges Riesenzupfbrot

Für 2–4 Portionen

In Yeshis Ecke von Tibet ist dies ein Grundnahrungsmittel. Er lernte mit neun oder zehn Jahren, als er schon mehrere Monate im Jahr fern von zu Hause im Gebirge verbrachte, dieses Brot zu backen. Nach einem langen Tag draußen mit den Tieren suchte er sich einen großen, dicken, flachen Stein, auf dem das Brot gebacken wird, und legte ihn im Zelt der Familie ins Feuer. Es ist erstaunlich einfach, diese traditionelle Methode zu Hause auf der Herdplatte nachzuahmen. Yeshi sagt, es versetzt ihn jedes Mal, wenn er so backt, wieder in seine Zeit als Nomade. Dieses Brot mag gewaltig aussehen, aber es verschwindet schnell – es schmeckt herrlich zu Wok-Gerichten, Suppen und Eintöpfen.

500 g Mehl mit 3 TL (15 g) Backpulver plus Mehl zum Bestäuben
¼ TL Salz
60 ml Vollmilch
2 EL Naturjoghurt
1 EL Kochöl – optional

VEGETARISCH

Das Mehl in eine Schüssel geben und Salz, Milch und Joghurt hinzufügen. Mit einer Hand alles vermischen und zugleich mit der anderen Hand langsam 150 ml warmes Wasser zugießen. Wenn der Teig sich verbindet, weiterkneten, bis eine schöne Teigkugel in der Schüssel ist. Zudecken und 15–20 Minuten beiseite stellen.

Den Teig aus der Schüssel nehmen und gründlich kneten, dann grob in Kreisform bringen. Mit einer Teigrolle zu einer Dicke von ca. 1 cm und einem Durchmesser von ca. 30 cm ausrollen. Sollte der Teig anfangen zu kleben, die Arbeitsfläche etwas bemehlen.

Eine große Bratpfanne auf hoher Stufe aufsetzen und – falls verwendet – das Öl hineingeben; darauf achten, dass es den Pfannenboden vollständig benetzt (Öl ist hier nicht unbedingt notwendig, hilft aber, die Außenseite etwas kross zu backen, und das ist lecker). Wenn die Pfanne – mit oder ohne Öl – heiß ist, vorsichtig das Brot in die Pfanne legen und 1–2 Minuten backen oder bis der Teig anfängt, leicht Blasen zu werfen. Das Brot wenden und Deckel oder Folie auflegen, dann 4–5 Minuten backen lassen. Brot wenden, die Hitze auf niedrige Stufe reduzieren und wieder zudecken. Zum Schluss noch einmal 4–5 Minuten backen. Wenn es fertig ist, sollte es elastisch zurückspringen, wenn man den Finger hineindrückt; hinterlässt der Finger eine Vertiefung, braucht es noch einen Moment.

Bhatsa Marku (tibetische Gnocchi mit Fleisch)

Für 4–6 Portionen

Yeshi sagt zu solchen Gerichten »Nomadenessen«: Es ist gesund und sättigend und hat alles, was der Nomade braucht. Oft wird es am ersten Tag an einer neuen Lagerstätte zubereitet. Ungefähr jeden Monat kommen Verwandte aus seinem Dorf und helfen der Familien, Zelt und Tiere zur nächsten Weidestelle zu bringen, und am Ende eines Tages mit sehr harter Arbeit bei zuweilen grässlichem Wetter kocht jemand dieses Essen – und die Welt ist in Ordnung.

450 g Vollkornmehl plus Mehl zum Bestäuben
Salz
500 g mageres Rindersteak, gewürfelt
300 g braune Champignons, sauber gewischt, grob zerkleinert
100 g Butter
2 Frühlingszwiebeln/Schalotten, gewaschen, mit grünen Spitzen, fein geschnitten
70 g junger Blattspinat – optional

Mehl abwiegen und in eine Schüssel geben. ½ TL Salz in einen Messbecher mit 175 ml kaltem Wasser geben und umrühren, bis es sich vollständig aufgelöst hat. Das Wasser langsam ins Mehl gießen und das Gemisch in der Schüssel zugleich mit einer Hand behutsam kneten. Der Teig soll fest sein, also gerade so viel Wasser hinzugeben, dass sich alles zu einem Teig verbindet; eventuell braucht man nicht alles. Der Teig sollte eher in Richtung hart tendieren, nicht weich. Wenn eine schöne Teigkugel entstanden ist, zudecken und 10–15 Minuten beiseite stellen. Wenn der Teig fertig ist, fühlt er sich fest an.

Rindfleisch auf mittlerer Stufe und mit 1 TL Salz in einen Wok oder Topf mit schwerem Boden geben (Öl ist nicht nötig, das Fleisch gart im eigenen Saft). Gut umrühren, dann Deckel auflegen und ca. 20–25 Minuten dünsten, bis das Fleisch gar ist (sollte das in dieser Zeit stattfindende Ausrollen und Schneiden des Teigs länger dauern als dieser Schritt, muss der Wok vom Herd genommen werden, damit das Fleisch nicht zerkocht).

In der Zwischenzeit also den Teig aus der Schüssel nehmen und in 2 Stücke teilen. Beide Stücke mit einer Teigrolle zu einem ca. 1 cm dicken Kreis ausrollen. Die Kreise in der Mitte durchschneiden, und die Halbkreise in feine Streifen schneiden, sodass sie ähnlich aussehen wie Pommes frites. Die Teigstücke mit Mehl bestäuben und im Mehl aufschütteln, bis sie damit überzogen sind, dann nebeneinanderlegen und in kleine Quadrate schneiden. Diese wieder in die Schüssel geben und diese leicht hochschwenken, damit auch gewiss kein Stückchen am anderen klebt.

In einem großen Topf Wasser zum Kochen bringen. Die Teigstückchen hineinschütten, umrühren und wieder zum Kochen bringen; dies dauert ca. 4–5 Minuten. Am Ende nochmals umrühren und in ein Sieb abgießen; das Kochwasser auffangen.

Fortsetzung auf der nächsten Seite >

> Bhatsa Marku *Fortsetzung*

Unterdessen die Pilze in den Wok geben und auf hoher Stufe ein paar Minuten unter Umrühren anbraten. In einem kleinen Topf die Butter schmelzen, bis alle Spuren der weißen Feststoffe der Milch, die in Bläschen an die Oberfläche steigen, wieder auf den Topfboden gesunken sind.

Die geschmolzene Butter mit einem Löffel über Fleisch und Pilze geben, dann Teigstückchen und Frühlingszwiebeln hinzugeben. Die Hitze sofort herunterstellen und umrühren, bis alles durcherhitzt ist.

Falls Sie eine einfache Suppe zubereiten mögen, in der Zwischenzeit etwa die Hälfte des Teigkochwassers wieder in den Topf geben und ½ TL Salz hinzugeben. Zum Kochen bringen, Spinat hinzufügen und wieder aufkochen.

Die Gnocchi in Schalen füllen und die Suppe separat dazu servieren.

Yeshi sagt: »*Bhatsa Marku* allein ist eine komplette Mahlzeit, aber Tibeter hassen es, einen Topf kochendes Wasser wegzugießen, und sagen, Suppe sei gut für die Verdauung. Erwarten Sie keine Geschmacksexplosion – die Suppe erfüllt hier die Funktion eines warmen Getränks.«

Bhatsa Marku (tibetische Gnocchi mit Pilzen)

Für 4 Portionen
Bhatsa Marku ist nicht immer ein Fleischgericht. Nomaden verarbeiten das, was sie bekommen können, und im Sommer sind die Weiden voller Pilze, die eine wirklich köstliche Option darstellen.

450 g Vollkornmehl
Salz
100 g Butter
300 g Austernpilze
2 Frühlingszwiebeln/Schalotten, gewaschen, mit grünen Spitzen, fein geschnitten
Parmesan oder Fetakäse
Salatgurke, in feine Scheiben geschnitten – optional

VEGETARISCH

Für den ***Bhatsa-Marku***-Teig die Anleitung auf Seite 176 befolgen. Wenn eine schöne Teigkugel entstanden ist, zudecken und 10–15 Minuten beiseite stellen. Ist der Teig fertig, fühlt er sich fest an.

Den Teig aus der Schüssel nehmen und in 2 Kugeln teilen. Mit einer Teigrolle beide Stücke zu einem ca. 1 cm dicken Kreis ausrollen. Die Kreise in der Mitte durchschneiden und die Halbkreise in feine Streifen schneiden, sodass sie ein wenig wie Pommes frites aussehen. Die Teigstücke mit Mehl bestäuben und im Mehl aufschütteln, bis sie damit überzogen sind, dann nebeneinanderlegen und in kleine Quadrate schneiden. Diese wieder in die Schüssel geben und leicht hochschwenken, damit auch gewiss kein Stückchen am anderen klebt.

In einem großen Topf Wasser zum Kochen bringen. Die Teigstückchen hineinschütten, umrühren und wieder zum Kochen bringen; dies dauert ca. 4–5 Minuten. Nochmals umrühren und in ein Sieb abgießen.

In einem kleinen Topf die Butter schmelzen, bis alle Spuren der weißen Feststoffe aus der Milch, die in Bläschen an die Oberfläche steigen, wieder auf den Topfboden gesunken sind. Die Pilze putzen und von Hand in lange, dünne Streifen reißen. Eine Bratpfanne mit schwerem Boden auf hoher Stufe aufsetzen, einige Löffel Butter hineingeben, anschließend die Pilze und ½ TL Salz. Gründlich umrühren, dann ein paar Minuten dünsten, bis die Pilze gar sind. Frühlingszwiebeln in die Pfanne geben und eine Minuten brutzeln lassen.

Die fertigen Gnocchi unter die Pilze rühren. Vom Herd nehmen und eine großzügige Menge Fetakäse oder geriebenen Parmesan darübergeben. Alles miteinander vermengen und in Schalen servieren. Falls gewünscht, mit Salatgurkenscheiben garnieren. Wer ein buttrigeres Finish möchte, träufelt noch etwas geschmolzene Butter in jede Schale.

Yeshi sagt: »Fügen Sie zum Pilzgemisch Paprikaschoten oder anderes Gemüse hinzu und gießen Sie das Kochwasser für die Gnocchi nicht weg. Geben Sie etwas Spinat und Feta oder anderen kräftigen Käse hinein, vielleicht auch 1 Tomate. Das ergibt eine angenehme, leichte Suppe zum *Bhatsa Marku*.«

Sha Baleps (tibetische Pasteten)

Ergibt 10 Stück

Sha Baleps (wörtlich »Fleischbrote«) lieben die Tibeter heiß und innig. Veganer, jetzt nicht wegschauen! Mit der Füllung aus Tofu, Chinakohl und Pilzen von Seite 159 können Sie eine vegane Version zubereiten. Auch Kartoffeln kann man gut nehmen, aber versuchen Sie es mit allem an Gemüse, was Sie mögen und zur Hand haben. In Tibet gibt es die Redensart »Reiß dich zusammen, sonst gebe ich dir ein *Sha Balep*«, was so viel bedeutet wie: Wenn du dich nicht benimmst, gibt's was hinter die Ohren. Der tibetische Rapper Shabaley hat eine witzige Ode an das *Sha Balep* produziert, die auf diese Redensart Bezug nimmt. Ein sehr eingängiger Song, den Sie sich beim Zubereiten dieser leckeren Pasteten – YouTube sei Dank – anhören können. In Zentraltibet essen viele Leute *Sha Baleps* zum Frühstück, aber typischer ist es, sie zum Mittag- oder Abendessen zu reichen, meistens mit einer Suppe dazu. Wir servieren sie gern mit Yeshis Super-Salsa (Seite 198): Der Trick ist, einmal vom *Sha Balep* abzubeißen und dann etwas von der frisch schmeckenden Salsa in die Pastete hineinzugeben. Ein herrlich erfrischender Kontrast.

Kochöl, zum Frittieren

Für den Teig

450 g Mehl mit 2 ½ TL (13 g) Backpulver plus Mehl zum Bestäuben

1 EL Kochöl

Für die Füllung

500 g Rinderhack, Fettgehalt idealerweise 15–20 %

1 TL feines Meersalz

2 EL Kochöl

½ TL Szechuanpfefferkörner (*Yerma*), zerstoßen

½ TL gemahlener Koriander

1 kleine rote Zwiebel, fein gehackt

1 große Knoblauchzehe, fein gehackt

50 g Spinat, gewaschen, fein gehackt

Für den Teig Mehl und Öl in eine Schüssel geben. Mit einer Hand beides miteinander verkneten und zugleich mit der anderen Hand 200 ml warmes Wasser langsam zugießen. Vermischen und dann kneten; gerade so viel Wasser hinzugeben, dass ein Teig entsteht. Während sich alles zu einem Teig verbindet, weiterkneten, bis eine schöne Teigkugel in der Schüssel ist. Zudecken und 15 Minuten beiseite stellen.

In der Zwischenzeit für die Füllung Rinderhack, Salz und 1 EL Öl in eine Schüssel geben und mit einer Gabel oder den Händen vermengen. Szechuanpfeffer und Koriander hinzugeben und gründlich verrühren, dann folgen Zwiebel, Knoblauch und Spinat. Gründlich vermengen. Den zweiten EL Öl in einer Bratpfanne erhitzen, das Fleischgemisch ins heiße Öl geben und 4–5 Minuten unter Umrühren anbraten. Beiseite stellen und abkühlen lassen.

Die Arbeitsfläche etwas bemehlen. Den Teig aus der Schüssel nehmen und locker zu einer Wurst rollen. Gleichmäßig in 8 Stücke zerteilen und diese zwischen den Handflächen zu Kugeln formen.

Die Kugeln einzeln weiterverarbeiten. Mit der Hand etwas flach drücken und mit einer Teigrolle ausrollen, den Teig dabei fest und zügig hin und her drücken und ziehen. Mit der anderen Hand den Teig halten und nach und nach drehen. Es soll ein Kreis mit etwa 10–12 cm Durchmesser entstehen; die Mitte ist etwas dicker als die Ränder.

Eine großzügige Menge (ca. 2–3 EL) der abgekühlten Füllung in die Mitte geben, dann eine Seite des Kreises über die Füllung legen, Rand auf Rand.

Fortsetzung auf der nächsten Seite >

Yeshis Tante Dolkar spielt mit den Kindern.

> Sha Balep *Fortsetzung*

In der Mitte beginnend mit den Fingerspitzen die Ränder aufeinander fest auf das Arbeitsbrett drücken und darauf achten, dass keine Lufteinschlüsse bleiben. Kurz vor Schluss behutsam auf die Pastete drücken, damit eventuell eingeschlossene Luft entweicht, dann schließen. Die Kante – die zusammengepressten Ränder – stückweise vom Brett lösen, umbiegen, auf die Pastete drücken und sie so nochmals verschließen. Wenn die Pastete gut zu ist, können Sie die Kante so künstlerisch verzieren, wie Sie wollen, und falls Sie mit dem Design nicht zufrieden sind, können Sie die Zinken einer Gabel nehmen. Beiseite stellen und die restlichen Pasteten formen.

Danach Kochöl 7,5 cm hoch in einen großen, stabilen Wok füllen und auf hoher Stufe aufsetzen (alternativ kann man die ***Sha Baleps*** in einer Bratpfanne ausbacken; dafür nach der Hälfte der Zeit wenden. Man braucht dann nur 2 cm Öl in der Pfanne). Die Öltemperatur mit einem Stückchen Teig prüfen: Wenn das Öl sprudelt und der Teig schnell hochsteigt, kann es losgehen. Die Hitze auf niedrige Stufe reduzieren und so viele ***Sha Baleps*** ins Öl geben, wie hineinpassen, vermutlich nicht mehr als 4 zugleich. Die ***Sha Baleps*** im Öl mit einer Zange umherbewegen und von Zeit und Zeit umdrehen, damit sie gleichmäßig gar werden.

4–5 Minuten frittieren oder bis die ***Sha Baleps*** goldbraun sind. Vor dem Servieren auf Küchenpapier abtropfen lassen.

Yeshi sagt: »Wenn Sie Ihre *Sha Baleps* schön dick und prall machen, dürfte keine Füllung übrig bleiben, aber falls doch, kann man sie ein paar Minuten in etwas Wasser kochen und ein Süppchen daraus zubereiten. Etwas Koriandergrün gibt Farbe und zusätzlichen Geschmack. Sollte zufällig Teig übrig bleiben, rollen Sie ihn flach aus und machen Sie *Numtak Baleb* (frittiertes Frühstücksbrot, Seite 40) oder *Balep* (tibetisches Fladenbrot, Seite 171) daraus.«

Soßen und Dips

Tibetisches Essen ist normalerweise nicht scharf, es sei denn, Sie geben ordentlich scharfen Chili darauf. In manchen Gerichten spielen scharfe Gewürze eine Rolle, aber der Grad der Schärfe wird im Grunde dadurch definiert, wie viel *Sepen* (scharfer Chili-Dip) Sie hinzugeben. *Sepen* ist eine super feurige Mischung aus getrocknetem Chili, Knoblauch, Ingwer und Szechuanpfefferkörnern (*Yerma*) und prickelt herrlich auf der Zunge. Es ist eine einzigartige tibetische kulinarische Erfahrung. Wir haben in dieses Kapitel auch andere Dips aufgenommen, die perfekt zu Momos (tibetische Teigtaschen), *Sha Baleps* (tibetische Pasteten) und zu anderen Gerichten passen.

Wenn ich einen schönen Auflauf mit Hackfleisch und Kartoffelbrei mache und dann sehe, wie Yeshi sich *Sepen* aufhäuft, muss ich mir immer in Erinnerung rufen, dass er das nicht macht, weil etwa das Essen fad schmeckt – Tibeter essen schlicht und einfach so.

Sepen wird in der einen oder anderen Form einfach auf alles gestreut, auch beim Frühstück. Diese scharfe Chiliwürze ist ein fester Bestandteil auf jedem tibetischen Esstisch, und jede Familie und jede Region hat ein eigenes Spezialrezept, genau wie wir bei Taste Tibet. Die meisten tibetischen Gerichte – und vor allem Suppen, Eintöpfe und Nudeln – zählen für die volle geschmackliche Entfaltung fest auf *Sepen*. Sie können Ihren Gerichten natürlich auch mit anderen Mitteln Feuer machen, wir glauben aber: Wenn Sie erst die Kunst beherrschen, Ihr eigenes *Sepen* herzustellen, haben Ersatzprodukte keine Chance mehr!

Und ganz begeistert bringen wir Ihnen die Genüsse Chili mit Käse, Chili mit Joghurt, Chili mit Walnüssen und so weiter näher. Yeshi liebt es, mit neuen Kombinationen zu experimentieren und dafür zu sorgen, dass bei allem, was er auch auftischt, immer eine Soße oder ein Dip parat steht.

Und schließlich muss ja nicht jede Soße scharf sein, deswegen finden Sie in diesem Kapitel Dips gänzlich ohne Chili. Momos mögen gern ein, zwei Würzsoßen, und wir haben das Rezept für die einfache Soße aufgenommen, die wir im Restaurant und am Stand von Taste Tibet immer zu unseren Momos servieren. Wir haben auch angegeben, wo Chili in einem Rezept nur optional ist. So können Sie es eventuell weglassen, falls Sie mögen oder falls es den Kindern milder besser schmeckt.

Taste Tibet-*Sepen* (scharfer Chili-Dip)

Ergibt ca. 100 g

Dieser einzigartige, feurige Dip kann als Basis für viele verschiedene Chilisoßen verwendet werden und ist der perfekte Begleiter zu den meisten tibetischen Speisen. Wir hoffen, dass es bald Ihre Lieblingssoße ist. Die Hauptzutat ist Chili, aber da man es langsam und mit Szechuanpfeffer und anderen Gewürzen kocht, wird die Schärfe im Mund sanft freigesetzt; es ist eine komplexe und betörende Aromenkombination und kein plötzlicher Schlag mit der Chili-Keule.

Das Gute an *Sepen*: Man hat lange etwas davon. Die Mischung ist recht trocken und kann daher im Kühlschrank viele Monate aufbewahrt werden. Man entnimmt immer ein klein wenig, gibt vielleicht etwas helle Sojasoße oder schwarzen Chinkiang-Essig hinzu, je nachdem, wozu man es isst und wonach einem an dem Tag gerade zumute ist.

3 große Knoblauchzehen
6 cm Ingwer, gewaschen, mit Schale, grob gehackt
1 TL Salz
½ TL Szechuanpfefferkörner (*Yerma*)
1 TL Koriandersamen (oder ½ TL gemahlener Koriander)
½ TL Kreuzkümmelsamen
170 ml Kochöl
50 g scharfe Chiliflocken
1 EL Sesamöl

VEGAN

Im Mixer oder in einer kleinen Küchenmaschine Knoblauch, Ingwer, Salz, Szechuanpfefferkörner, Koriander und Kreuzkümmelsamen zu einer groben Paste verarbeiten. 1 EL Wasser hilft, alles leichter in Bewegung zu bringen (wer keinen Mixer hat, kann auch alles per Hand hacken oder mahlen, nur darauf achten, dass alles so fein gehackt oder zerstoßen ist, wie man es schafft).

1 EL Öl in eine Bratpfanne auf mittlerer Stufe geben. Wenn es heiß ist, die verarbeiteten Zutaten in die Pfanne geben und 4–5 Minuten anbraten, dabei stetig umrühren, damit nichts anbrennt. Falls nötig, kann ein Tropfen Wasser hinzugegeben werden, aber keinesfalls zu viel. Wenn eine schöne, trockene Paste entstanden ist, Chili hinzugeben und alles durchmischen, dann vom Herd nehmen und beiseite stellen, damit die Aromen in der Pfanne ein wenig reifen.

In der Zwischenzeit 150 ml Öl in einem Topf sehr heiß erhitzen (zum Testen eine winzige Menge Chiligemisch hineinfallen lassen; wenn das Öl heiß genug ist, müsste es ordentlich zischen). Die Bratpfanne wieder auf niedriger Stufe aufsetzen, und das heiße Öl vorsichtig in die Pfanne gießen – es sollte richtig »singen«, wenn es auf das Chili trifft. 4–5 Minuten eifrig umrühren. Gut aufpassen und sofort vom Herd nehmen, wenn es so aussieht, als brenne es gleich an. Wenn das Chili dunkler wird und eine rötlich-braune Farbe annimmt, ist es fertig.

Das *Sepen* schnell in eine Servierschale umfüllen und noch eine Minute weiterrühren, dann das Sesamöl hineingeben und unterrühren. Vor dem Servieren etwas abkühlen lassen.

Yeshi sagt: »Ein Schraubdeckelglas ist ein gutes Aufbewahrungsgefäß für *Sepen*, aber was Sie auch verwenden – achten Sie darauf, dass das *Sepen* erkaltet ist, bevor Sie es wegstellen. Es hält sich im Kühlschrank monatelang, kann aber überraschend schnell verschwinden, wenn man erstmal süchtig ist …«

Tomaten-*Sepen* (Tomaten-Chili-Dip)

Ergibt 2–4 Portionen

Dieser Dip ist nicht sehr scharf, strotzt aber nur so vor Knoblauch- und Ingwerаromen und hat einfach Pep. Er ist der perfekte Begleiter für frische Momos. Wenn Extra-Schärfe gewünscht ist, können Sie immer mehr Chilipulver hinzugeben oder aber etwas Feurigeres dazu servieren, das Taste Tibet-*Sepen* (Seite 188) ist dann eine ausgezeichnete Option. Natürlich kann man Chili auch komplett weglassen, wenn Sie eine leckere Soße suchen, die Ihre Momos nicht unterbuttert. Dieser Dip schmeckt ausgesprochen gut, so oder so.

- 1 EL Kochöl
- 2 cm Ingwer, gewaschen, mit Schale, fein gehackt
- 2 große Knoblauchzehen, fein gehackt
- 1 rote Zwiebel, fein gewürfelt
- ¼ TL Szechuanpfefferkörner (*Yerma*), zerstoßen, oder schwarzer Pfeffer
- 3 Tomaten, fein gehackt
- ½ TL Chilipulver
- ½ TL Salz
- Saft von ½ Zitrone

VEGAN

In einer Bratpfanne das Öl auf hoher Stufe erhitzen. Wenn es heiß ist, Ingwer, Knoblauch, und Zwiebel hineingeben und unter Umrühren anbraten, bis sie gebräunt sind. Szechuan- oder schwarzen Pfeffer hinzugeben, dann die Tomaten, und 2–3 Minuten weiter braten und rühren.

Nun Chilipulver und Salz hinzugeben, die Hitze auf mittlere Stufe verringern und weiterrühren; wenn die Masse anfängt, anzusetzen, stets ein klein wenig Wasser hinzugeben. Das Gemisch soll zu einer Paste eingekocht werden, und dies dauert etwa 8–10 Minuten.

Um den Prozess zu beschleunigen oder wenn die Konsistenz sehr glatt werden soll, kann alles nach dem Kochen im Mixer püriert werden. Ansonsten für die rustikalere Version die Paste zum Schluss einfach in der Pfanne mit einem Löffel oder einem Stampfer zerdrücken.

Das fertige Tomaten-*Sepen* in eine Schüssel umfüllen. Direkt vor dem Servieren die halbe Zitrone auspressen und *Sepen* mit dem Saft beträufeln. Reste halten sich 2–3 Tage im Kühlschrank.

Momo-Soße »Taste Tibet«

Für 4 Portionen

Als Yeshi klein war, brachte sein Vater immer Pakete nach Hause, in denen etwas war, das zumindest für Yeshis Nomadenauge aussah wie Blut. Später erfuhr er, dass dieses dicke, harte, schwarze Zeug in Wahrheit Sojasoße war, die damals in fester Form aus China kam. Sie wird nicht mehr in dieser Form verkauft, die Straßen sind heute aber auch besser, und die Fahrt ist nicht mehr so holperig!

Yeshis Vater gab Wasser zu diesem konzentrierten Sojaziegel und erhielt eine Soße, so dick oder dünn wie er mochte. Sojasoße kann sehr kräftig sein, aber mit Wasser verdünnt hat man eine Würzsoße, die die natürlichen Aromen eines Gerichts erstrahlen lässt und lediglich eine Spur salzig und umami ist. Wenn Sie das Beste aus zwei Welten wollen, können Sie immer etwas Taste Tibet-*Sepen* (Seite 188) zu der Soße hinzugeben.

2 EL helle Sojasoße
1 TL schwarzer Chinkiang-Essig
Schnittlauchröllchen zum Servieren

VEGAN

Sojasoße und Essig abmessen und in eine Schüssel geben, dann 2 ½ EL kaltes Wasser einrühren – dies verdünnt die Soße, sodass sie geschmacklich nicht zu kräftig ist. Schnittlauchröllchen darüberstreuen für ein wenig Farbe und Biss.

Auberginen-Chili-Dip

Für 4 Portionen

Dies ist Yeshis Erfindung, bestehend aus zwei Komponenten, die er innig liebt. Stellen Sie es sich als eine tibetische Variante von *Baba Ganoush* vor, nur würziger. Es kann warm oder kühlschrankkalt genossen werden, zu *Balep* (tibetisches Fladenbrot, Seite 171), luftigem Riesenzupfbrot (Seite 175) oder einfach zu Toast.

1–2 frische grüne Chilischoten
3 junge Auberginen, ca. 175 g insgesamt, oder dieselbe Gewichtsmenge normal große Auberginen
1 EL Kochöl
2–3 große Knoblauchzehen, dünn geschnitten
2,5 cm Ingwer, gewaschen, mit Schale, dünn geschnitten
½ TL Salz
¼ TL Kreuzkümmelsamen
Saft von ½ Limette
1–2 TL Olivenöl nativ extra

VEGAN

Wenn Sie auf einem Gasherd kochen, die Chilischoten direkt auf eine offene Flamme legen und rösten. Mit einer Zange nach ca. einer Minuten wenden. Sobald sie schwarz werden, vom Gas nehmen (wer mit einem Elektroherd kocht, überspringt diesen Schritt. Die Chilis bekommen so mehr Geschmack, aber es geht auch ohne Rösten).

Die Chilischoten in feine Streifen schneiden, die Kerne je nach Vorliebe entfernen oder mit verwenden. Die Auberginen in 2,5 cm große Würfel schneiden.

Das Kochöl in eine Pfanne auf niedriger Stufe geben. Wenn es heiß ist, Chili hineinlegen und unter gelegentlichem Umrühren 1–2 Minuten braten. Die Auberginen zusammen mit Knoblauch, Ingwer, Salz und Kreuzkümmelsamen hinzugeben. Gründlich umrühren, dann 10–12 Minuten kochen lassen und hin und wieder umrühren.

Nun den Inhalt der Pfanne in einen Mixer umfüllen, 100 ml kochendes Wasser hinzugeben und zu einer glatten Masse verarbeiten.

In eine Schüssel umfüllen, Limettensaft darübergeben und mit dem Olivenöl beträufeln.

Käse-Chili-Dip

Für 4 Portionen

Tibeter gehörten zu den ersten Asiaten, die Milchprodukte nutzten, und ihr Käse ist ziemlich einzigartig. Es gibt weichen Quark aus Buttermilch, der an Hüttenkäse erinnert, aber die meisten tibetischen Käsesorten sind Hartkäse. Die härteste Variante wird mit verfestigtem Joghurt hergestellt und andere Hartkäse aus dem Käsebruch, der beim Buttermilchkochen entsteht. Da keine dieser Käsesorten kommerziell hergestellt wird, sind sie außerhalb der Region schwer zu bekommen.

Käse ist ein Grundnahrungsmittel der tibetischen Ernährung, und unterschiedlichste Käse-Chili-Dips sind sehr beliebt. Die hier beschriebene Variante ist das einfachste aller Käse-Chilis. Wenn Sie in Experimentierlaune sind, geben Sie Gemüse hinzu: Kartoffeln, grüne Bohnen oder Pilze sind ein guter Ausgangspunkt. Wer Fleisch isst: Rind- oder Schweinefleischstreifen würden gut dazu passen. Wie Sie ihn auch immer zubereiten, Käse-Chili-Dip schmeckt toll zu Pommes frites, Ofenkartoffeln oder Fladenbrot, je nach Stimmung, Bedürfnis oder Laune.

1 EL Kochöl
¼ TL Kreuzkümmelsamen
1 frische grüne Chilischote, fein gehackt, mit Kernen
2 große Knoblauchzehen, fein gehackt
½ rote Zwiebel, fein gehackt
½ TL Salz
150 g Brie oder ähnlicher Käse

VEGETARISCH

Das Olivenöl in einer kleinen Bratpfanne auf mittlerer Stufe erhitzen. Wenn es heiß ist, Kreuzkümmelsamen hineingeben und ca. 30 Sekunden brutzeln lassen. Als Nächstes Chili und Knoblauch hinzufügen und unter Umrühren goldbraun anbraten. Zwiebel hinzugeben, die Hitze auf niedrige Stufe verringern und alles 1 oder 2 Minuten gut umrühren oder bis Knoblauch und Zwiebel weich sind. Dann 100 ml Wasser zugießen. Nun das Salz hinzugeben.

Den Käse in 1–2 cm dicke Scheiben schneiden und ebenfalls in die Pfanne geben. Behutsam umrühren, damit er schmilzt; eventuell muss die Hitze dafür etwas höher gestellt werden. Wenn der Käse komplett geschmolzen ist, den Dip in eine Servierschale umfüllen.

Walnuss-Chili-Dip

Für 4 Portionen

In Osttibet herrscht kein Mangel an Walnussbäumen. Sie wachsen überall auf den Bergen und in den Tälern, und manche sind über tausend Jahre alt. Yeshis Dorf ist voll davon. Vor Jahren brachten wir Walnüsse aus Tibet mit und pflanzten bei unserem Haus in Oxford einen Baum. Yeshi zaubert liebend gern Snacks und Dips aus diesen nahrhaften, erdigen Nüssen, und wir haben die Hoffnung, dass wir in ein paar Jahren tibetische Nüsse von unserem eigenen Baum ernten können.

Genießen Sie diesen schmackhaften Dip warm oder kalt mit *Balep* (tibetisches Fladenbrot, Seite 171) oder *Tsampa* (Geröstetes Gerstenmehl, Seite 51). Auch zu knackigem Gemüse passt dieser Dip sehr gut – Chicoréeblätter, Karotten, Salatgurke und so weiter, suchen Sie sich etwas aus.

1 getrocknete rote Chilischote, ohne Kerne
100 g Walnüsse
¼ TL gemahlener Kreuzkümmel
¼ TL gemahlener Koriander
¼ TL Salz
Saft von 1 Limette
1 EL Olivenöl nativ extra

VEGAN

Abbildung auf Seite 150

Die getrocknete rote Chilischote in einem kleinen, trockenen Topf auf mittlerer bis hoher Stufe 2–3 Minuten rösten oder bis sie einen Ton dunkler wird, dann Walnüsse, Kreuzkümmel und Koriander hinzugeben. Walnüsse und Gewürze weitere 2–3 Minuten rösten, dabei die Pfanne rütteln, damit sich alles bewegt und nichts anbrennt.

Nun in einen Mixer geben und Salz sowie 100 ml kochendes Wasser hinzufügen. Zu einer glatten Masse pürieren, dann in eine Schale umfüllen. Limettensaft einrühren und mit dem Olivenöl beträufeln.

Yeshis Super-Salsa

Ergibt 2–4 Portionen

Diese wirklich erfrischende Soße (auf dem Foto in der weißen Schale) passt ganz wunderbar zu Momos und ganz besonders zu allen frittierten Speisen, denn sie ist scharf und ganz, ganz leicht. Auch als Salatdressing kann man sie verwenden. Frische ist hier ganz wesentlich. Achten Sie darauf, dass alle rohen Zutaten in gutem Zustand sind, und verbrauchen Sie die Salsa schnell! Sie hält sich nur einen Tag im Kühlschrank.

40 g Koriandergrün, ca. ½ Bund, das frischeste, das Sie finden können
2 Frühlingszwiebeln/Schalotten
2 Tomaten
Saft von 2 Limetten
½ TL Salz
½ TL scharfes Chilipulver

Koriandergrün mit Stumpf und Stiel so fein wie nur möglich hacken. Frühlingszwiebeln waschen und mit grünen Spitzen fein hacken, die Tomaten ebenfalls (ein Mixer erledigt das ganze Hacken blitzschnell, falls Sie einen besitzen).

Koriandergrün, Frühlingszwiebeln und Tomaten in eine Schüssel geben und den Limettensaft darüber auspressen. Salz und Chilipulver hinzufügen und alles gründlich vermengen, dann servieren.

VEGAN

Sho Sepen (Chili mit Joghurt)

Für 2–4 Portionen

Dieses Rezept geht in Yeshis Familie immer. Manchmal ist womöglich kein Fleisch oder Gemüse da, aber Joghurt und Chili stehen so gut wie immer zur Verfügung und sind eine großartige Kombination. Zu *Tsampa* (geröstetes Gerstenmehl, Seite 51), *Tingmo* (gedämpftes Brot, Seite 167) oder *Balep* (tibetisches Fladenbrot, Seite 171) gegessen, ist es eine wunderbare schnelle Lösung. *Sho Sepen* (rosafarbene Schale auf dem Foto) genießt man am besten warm, es ist gekühlt aber auch köstlich. Stellen Sie Reste in den Kühlschrank und genießen Sie sie zu knackigem Gemüse, wenn Sie zur zweiten Runde übergehen.

150 g Naturjoghurt
1 EL Olivenöl
¼ TL Salz
¼ TL Kreuzkümmelsamen
½ TL scharfe Chiliflocken
1 Stängel Koriandergrün zum Garnieren – optional

Den Joghurt in eine Schüssel geben.

Das Öl in einer kleinen Bratpfanne auf mittlerer Stufe erhitzen und Salz, Kreuzkümmelsamen und Chiliflocken dazugeben. Sobald das Chili braun wird, das Gemisch über den Joghurt träufeln, mit einem Zweig Koriandergrün garnieren (falls gewünscht) und servieren.

VEGETARISCH

Unsere Street-food-Favoriten

Dieses Kapitel ist ganz besonders für die Menschen geschrieben worden, die Taste Tibet all die Jahre eine Stütze waren. Hier lüften wir endlich die Geheimnisse um Ihre liebsten Gerichte aus dem Himalaya, auch um Yeshis legendäres Dal und unser begehrtes Hähnchencurry, das Allheilmittel des Festivalgasts und jetzt – offiziell – das berühmte Taste Tibet-Hähnchencurry.

Diese Gerichte entstanden, als Taste Tibet ein paar Monate alt war. Als wir 2014 mit unserem Stand begannen, war da Yeshi – eine One-Man-Show. Wir hatten zwei kleine Kinder, vier Monate und zwei Jahre alt, und ich war zu beschäftigt, als dass ich in der Küche eine Hilfe hätte sein können. Der arme Yeshi war bis tief in die Nacht wach, knetete Teig und faltete Momos.

Nachdem seine Momos sich herumgesprochen hatten und die Zubereitung noch zeitaufwendiger und strapaziöser wurde, damit er die Nachfrage bedienen konnte, nahmen wir die Momos für eine kurze Zeit ganz von der Karte. In dieser Zeit perfektionierte Yeshi ein paar Currygerichte, die sie ersetzen sollten. Wir nannten sie Himalaya-Currys, denn sie besaßen die Geschmäcker und Aromen der ganzen Region: ein bisschen Indien, ein bisschen Nepal, aber eine unmissverständlich tibetische Handschrift.

Seit mittlerweile über 60 Jahren verlassen Menschen aus Tibet ihr Heimatland und gehen nach Indien und Nepal. Ihr spiritueller Führer, Seine Heiligkeit der XIV. Dalai Lama, floh aus Lhasa nach Indien, als die Chinesen 1959 die Kontrolle in Tibet übernahmen, und seither gibt es einen stetigen Exodus. Niemand weiß, wie viele Tibeterinnen und Tibeter heute außerhalb des Landes leben, aber wie Yeshi verbringt die Mehrheit derjenigen, die in den Westen gelangen, zuerst Zeit in Indien oder Nepal.

Yeshi lebte viele Jahre in Indien, und dort inspirierten ihn neue Zutaten und Aromen aller Art. Er sagt mir, seine Familie würde viele Gerichte aus diesem Buchkapitel nicht wiedererkennen, weil es seine eigenen Kreationen sind, beeinflusst durch seine Wanderjahre, in denen er in anderen Teilen des Himalayas reiste, lebte und gastronomische Erfahrungen sammelte. Gehen Sie in ein beliebiges tibetisches Restaurant außerhalb von Tibet, und Sie begegnen derselben Geschichte. Alle Köche haben im Ausland ihre ganz individuelle Reise erlebt und unterwegs neue Rezepte und Ideen aufgegriffen.

Verpassen Sie diese leckeren Gerichte nicht! Eine wunderbare Fusion der Aromen, und die Currygerichte leicht und nahrhaft. Versuchen Sie, mindestens ein paar davon gleichzeitig zu kochen, wenn es geht – die Reste schmecken am nächsten Tag sogar noch besser.

Yeshis Dal

Für 4–6 Portionen

Manche Dals sind ausgesprochen arbeitsintensiv, und die Zubereitung dauert ewig. Dieses ist ein Liebling der Taste Tibet-Gemeinde und lässt sich sehr einfach zu Hause nachkochen. In Indien, wo Yeshi dieses Gericht kennengelernt hat, haben alle ihre Lieblingsdals, und Mung Dal ist seines. Es ist leicht, schnell gekocht und bekömmlich. Und sehr gesund. Laut der Ayurveda-Medizin hat es eine beruhigende und erdende Wirkung auf Geist und Körper. Aus westlicher Perspektive ist es reich an Vitamin C, und mit Basmatireis zubereitet, hat man in Bezug auf Protein und essenzielle Aminosäuren eine vollständige Mahlzeit.

Mung Dal – gespaltene getrocknete Mungbohnen – findet man in asiatischen, indischen oder türkischen Geschäften sowie größeren gut sortierten Bioläden und Supermärkten. Achten Sie lediglich darauf, dass Sie gelbe gespaltene Mungbohnen bekommen und keine ganzen Bohnen, denn diese haben eine grüne Schale und müssen sehr viel länger kochen. Wenn Sie keine Mung Dal finden, eignen sich gelbe Spalterbsen oder sogar rote Linsen ebenfalls sehr gut.

300 g Mung Dal
2 EL Kochöl
1 TL Kreuzkümmelsamen
2 große Knoblauchzehen, dünn geschnitten
½ rote Zwiebel, dünn geschnitten
2 Tomaten, gewürfelt
½ TL Kurkuma
2 EL Salz
½ TL Bassar Curry Masala (oder scharfes Chilipulver)
70 g junger Blattspinat

VEGAN

Mung Dal in eine Schüssel geben und gründlich waschen, dann gut abgießen.

Das Öl in einem großen Topf auf mittlerer bis hoher Stufe erhitzen und die Kreuzkümmelsamen hineingeben. Wenn sie allmählich aufpoppen, Knoblauch hinzugeben und ca. eine Minute umrühren. Nun die Zwiebel hineingeben und eine weitere Minute anbraten. Tomaten, Kurkuma, Salz und Curry Masala hineinrühren und weiterkochen, bis Zwiebel und Tomaten weich sind (ca. 3–4 Minuten).

Die Mungbohnen in den Topf geben; in der Schüssel klebende Bohnenhälften mit etwas kochendem Wasser hinausspülen. Dal 3–4 Minuten unter das Gemisch rühren. 1 l kochendes Wasser zugießen und die Hitze auf mittlere Stufe reduzieren. Deckel auflegen und unter gelegentlichem Umrühren 30–35 Minuten kochen.

Wenn die Bohnen gar sind, den jungen Spinat hinzugeben und unterrühren. Wenn Sie das Dal gern flüssig mögen, geben Sie an diesem Punkt eventuell auch noch etwas heißes Wasser hinzu; ca. 200 ml müssten reichen. Wenn der Spinat zusammengefallen ist, das Dal in eine Servierschüssel schöpfen.

Spinat-Kichererbsen-Curry

Für 4 Portionen

Yeshi hat die Zubereitung dieses Gerichts in Indien gelernt, und es ist im Taste Tibet das beliebteste vegane Curry geworden. Es lässt sich einfach kochen, liegt leicht im Magen und ist wirklich gesund. Servieren Sie es so, wie wir es an unserem Stand machen: mit Yeshis Dal (Seite 204) und Basmatireis.

200 g getrocknete Kichererbsen oder 2 Dosen Kichererbsen à 400 g
2 EL Kochöl
2 große Knoblauchzehen, fein gehackt
6 cm Ingwer, gewaschen, mit Schale, fein gehackt
1 rote Zwiebel, fein gehackt
2 Tomaten, gewürfelt
½ TL Kurkuma
2 TL Madras-Currypulver
1 TL Salz
400 ml Kokosmilch
200 g junger Blattspinat, mit Stielen
100 g TK-Spinat – optional
einige Stängel Koriander zum Garnieren

VEGAN

Falls getrocknete Kichererbsen verwendet werden – wir raten dazu –, diese in 800 ml Wasser über Nacht oder mindestens vom Morgen bis zum Abend einweichen und dann ca. 1 ½ Stunden im Einweichwasser kochen. Sie müssen in 1 l Wasser kochen, also entsprechende Wassermenge zugießen. Kichererbsen aus der Dose vollständig abgießen und gründlich abspülen.

Einen großen Topf auf hoher Stufe aufsetzen und das Öl hineingeben. Wenn es heiß ist, Knoblauch und Ingwer unter Umrühren einige Minuten anbraten oder bis sie eine zarte goldene Farbe angenommen haben. Die Zwiebel hinzufügen und goldbraun anbraten, dann Tomaten, Kurkuma, Currypulver und Salz einrühren. Weiterkochen, bis die Tomaten ganz weich sind (ca. 3–4 Minuten), Kokosmilch hineingießen und durchrühren.

Die Hitze auf niedrige bis mittlere Stufe reduzieren und 25–30 Minuten köcheln lassen; häufig umrühren. Die Soße soll zu einer sehr weichen Paste ohne Zwiebel- und Knoblauchstückchen einkochen, man muss jedoch aufpassen, dass nichts ansetzt oder anbrennt.

In der Zwischenzeit den Spinat grob in 2,5–5 cm große Stücke hacken. Sorgfältig in kaltem Wasser waschen, dann in einer Schüssel mit frischem kaltem Wasser beiseite stellen.

Wenn die Soße fertig ist, die Kichererbsen und, falls gewünscht, den Tiefkühlspinat hineingeben. Alles 4–5 Minuten verrühren, dann den frischen Spinat aus dem Wasser heben und in den Topf geben (so lässt man alles, was knirschen könnte, auf dem Boden der Schüssel zurück). Gründlich umrühren, bis der Spinat zusammengefallen ist. Wenn Sie das Curry etwas flüssiger haben wollen, können Sie ca. 100 ml kochendes Wasser in den Topf zugießen, aber bedenken Sie, dass der Spinat drastisch an Volumen verliert. Lassen Sie das Curry also erst sich verbinden und eindicken.

Das Curry mit Korianderstängeln garnieren und servieren.

Das berühmte Taste-Tibet-Hähnchencurry

Für 4–6 Portionen

Zählt man die Momos einmal nicht mit, so ist das berühmte Taste Tibet-Hähnchencurry definitiv unser größter Verkaufsschlager. Der Name entstand auch infolge der überschwänglichen Wertschätzung für all die Freude, die es hungrigen Festivalbesuchern im ganzen Land und den liebenswerten Curry-Fans in Oxford beschert. Und nun, bitte sehr: Die große Enthüllung! Wir haben nichts verschwiegen und hoffen, Sie haben genauso viel Vergnügen beim Kochen wie wir beim Kredenzen. Um es genauso zu erleben wie bei Taste Tibet, kombinieren Sie es mit Basmatireis oder *Balep* (tibetisches Fladenbrot, Seite 171) und Yeshis Dal (Seite 204).

2 EL Kochöl
2 große Knoblauchzehen, dünn geschnitten
2,5 cm Stück Ingwer, gewaschen, mit Schale, dünn geschnitten
1 kleine rote Zwiebel, dünn geschnitten
2 große Tomaten, dünn geschnitten
¼ TL Kurkuma
1 TL Bassar Curry Masala (oder scharfes Chilipulver)
1 ½ TL Madras-Currypulver
2 EL Kokosmilchpulver
6–8 frische oder 10–12 getrocknete Curryblätter
400 ml Kokosmilch
600 g Hähnchenbrustfilets, in mundgerechte Stücke geschnitten
1 TL Salz
Koriandergrün, gehackt, zum Garnieren – optional

Einen Topf mit schwerem Boden auf mittlerer bis hoher Stufe aufsetzen und das Öl hineingeben. Wenn es heiß ist, Knoblauch und Ingwer einige Minuten Farbe annehmen lassen, dann die Zwiebeln hinzugeben und weitere 2 Minuten anbraten. Nun Tomaten, Kurkuma, Curry Masala und Currypulver hinzufügen. Vermischen und 10–15 Minuten kochen; die Hitze etwas reduzieren und ca. 50 ml Wasser hinzugeben, falls etwas anfängt, anzusetzen. Dann Kokosmilchpulver, Curryblätter und Kokosmilch dazugeben und gründlich vermischen. Lassen Sie sich hierbei Zeit: Sie bereiten eine Currypaste zu, und die muss vollständig durchgegart sein, bevor das Hähnchenfleisch dazukommen kann.

Nun Hähnchen und Salz hinzufügen. Die Hitze wieder auf hohe Stufe stellen, das Hähnchen in die Soße geben und umrühren, 8–10 Minuten lang garen. Falls etwas ansetzt, ein wenig – und wirklich nur wenig – kochendes Wasser hinzugeben. Der Topf sollte zunächst recht trocken sein, und der Saft aus dem Hähnchenfleisch tritt dann allmählich aus, warten Sie daher einen Moment, bevor Sie Wasser hinzugeben.

Wenn das Hähnchen 8 Minuten im Topf ist, prüfen, ob das Fleisch vollständig gar ist: Ein Stückchen herausnehmen und in der Mitte durchschneiden. Es sollte durchgehend weiß sein. Wenn die Soße zu dick wirkt, noch etwas kochendes Wasser hinzugeben und 2 Minuten schnell rühren. Mit Koriandergrün garnieren, wenn Sie mögen, und servieren.

Sesamhähnchen

Für 4 Portionen

Dieses Gericht hat Yeshi hier in Großbritannien ersonnen, und es ist in unserem Restaurant und am Essensstand ein richtiger Publikumsliebling geworden. Der Name ist geblieben, denn er klingt so schön, aber das Element Sesam ist eigentlich ein bisschen nebensächlich. Sesamhähnchen ist nicht sehr scharf – Kinder lieben es. Servieren Sie dazu Basmatireis und Yeshis Dal (Seite 204).

600 g Hähnchenbrustfilets
3 EL Maismehl (Maisstärke)
600 ml Kochöl
1 große Knoblauchzehe, dünn geschnitten
2–3 frische grüne Chilischoten, schräg in dünne Ringe geschnitten
1 kleine rote Zwiebel, dünn geschnitten
1 grüne Paprikaschote, gewürfelt oder in Streifen geschnitten
1 rote Paprikaschote, gewürfelt oder in Streifen geschnitten
1 Tomate, gewürfelt oder in Spalten geschnitten
1 TL Sesamöl
1 Prise Salz
einige Stängel Koriandergrün zum Garnieren – optional

Für die Marinade

2–3 große Knoblauchzehen, fein gehackt
6 cm Ingwer, gewaschen, mit Schale, fein gehackt
1 TL Salz
½ TL Kreuzkümmelsamen
1 TL Bassar Curry Masala (oder scharfes Chilipulver)
2 TL dunkle Sojasoße
1 TL Sesamöl

Die Zutaten für die Marinade in einer Schüssel vermengen. Hähnchenbrustfilets schräg in mundgerechte Streifen schneiden. Das Fleisch in die Marinade geben und mit einer Gabel oder mit den Händen gut mischen, dann zudecken und eine Stunde in den Kühlschrank stellen.

Das marinierte Hähnchenfleisch aus dem Kühlschrank nehmen. Maismehl in die Schüssel geben und mit den Händen einmassieren, bis alles vollständig durchgemischt ist.

Das Öl in einen großen Wok geben und auf hoher Stufe aufsetzen. Zum Prüfen, ob das Öl heiß genug ist, zuerst ein kleines Stück Hähnchenfleisch hineingeben: Sprudelt es sehr lebhaft, kann es losgehen. Das Fleisch mit einem Schaumlöffel aus der Schüssel nehmen und vorsichtig in das heiße Öl sinken lassen. Behutsam umrühren, dann 7–8 Minuten ausbacken oder bis es goldbraun und gar ist; herausnehmen und beiseite stellen.

Nun das Öl bis auf die Menge von 2 EL vorsichtig ausgießen (wir gießen es in einen feuerfesten Krug und lassen es abkühlen, dann kann man es filtern und erneut verwenden).

Den Wok mit den verbliebenen 2 EL Öl wieder auf mittlerer Stufe aufsetzen. Knoblauch und Chilischoten hineingeben und ca. eine Minute unter Umrühren anbraten, dann die Zwiebel hineingeben und weitere 2 Minuten braten. Die Zwiebel sieht jetzt noch nicht gar aus, das ist aber in Ordnung so, denn sie muss nur leicht angebraten sein. Grüne und rote Paprikaschote hinzugeben und nur wenige Minuten unter Umrühren anbraten. Das Fleisch wieder in den Wok geben, alles zusammen 3–4 Minuten ausgiebig rühren.

Ganz kurz vor dem Servieren die Tomate in den Wok geben und gut untermischen, dann Sesamöl und Salz hineinrühren. Mit Koriandergrün garnieren, wenn Sie mögen, aber auch ohne diese Zutat ist das Gericht schön bunt.

Kartoffel-Erbsen-Curry

Für 4 Portionen

Bei tibetischen Picknicks und Partys liebt man scharf gewürzte Kartoffeln, heiß oder kalt serviert, als Hauptgericht oder als Beilage. Es gibt zahlreiche Variationen, und bei dieser hat Yeshi Erbsen hinzugegeben und mehr Soße gemacht, damit es Curry-artiger wird. Diese Version servieren wir an unserem Taste Tibet-Festivalstand. Sie wird mit frischem grünen Chili zubereitet und hat etwas mehr Dampf als manch anderes unserer Festival-Gerichte. Mit einem Bier in der Hand ist es wirklich das Größte. Damit es eine vollständige Mahlzeit wird, servieren Sie dazu *Numtak Balep* (frittiertes Frühstücksbrot, Seite40) oder Basmatireis und Yeshis Dal (Seite 204).

3 EL Kochöl
4 große Knoblauchzehen, dünn geschnitten
½ TL Kreuzkümmelsamen
6 cm Inger, gewaschen, mit Schale, dünn geschnitten
1 kleine rote Zwiebel, dünn geschnitten
1 frische grüne Chilischote, fein gehackt
1 TL Bassar Curry Masala (oder scharfes Chilipulver)
½ TL Kurkuma
1 TL Salz
4 Tomaten, ca. 400 g insgesamt, gewürfelt
500 g Kartoffeln, gewaschen, mit Schale, gewürfelt
100 g Erbsen (TK-Erbsen sind in Ordnung)
Koriandergrün oder Schnittlauch, gehackt, zum Garnieren

VEGAN

Das Öl in einem großen Wok oder Topf auf mittlerer bis hoher Stufe erhitzen. Wenn es heiß ist, Knoblauch und Kreuzkümmelsamen eine Minute unter Umrühren anbraten. Nun Ingwer, Zwiebel und Chili (kann natürlich weggelassen werden, falls das Curry nicht ganz so scharf sein soll) hinzugeben und wiederum eine Minute umrühren. Bassar Curry Masala, Kurkuma und Salz hinzugeben und 2–3 Minuten braten.

Nun die Tomaten hinzufügen und alles gründlich verrühren. Deckel (oder Folie) auflegen und die Hitze ganz niedrig stellen. Etwa 5 Minuten köcheln lassen; etwa minütlich kontrollieren und die Tomaten ein wenig zerdrücken.

Wenn Tomaten und Zwiebeln sehr weich sind und die Soße zu einer Paste eingekocht ist, können die Kartoffeln hinzugefügt werden. Gut vermengen und, falls der Topf/Wok etwas trocken aussieht, ein wenig kochendes Wasser zugeben. Deckel (Folie) wieder auflegen und rund 15 Minuten kochen lassen oder bis die Tomaten weich sind (zum Test ein Stück Kartoffel kosten). Erbsen hinzufügen und gründlich umrühren; abschließend 2–3 Minuten kochen lassen.

Mit Koriandergrün oder Schnittlauch garnieren und servieren.

Tibetisches Keema (Rinderhack mit grünen Paprikaschoten)

Für 4–6 Portionen
Ich habe oft gedacht: Dieses Gericht ist eine Art asiatisches Chili con Carne. Yeshi hat es in Indien häufig für mich gekocht, und es schmeckt unheimlich gut. Heute servieren wir es oft im Restaurant und am Stand. Keema ist mit grünen Paprikaschoten ganz wunderbar, aber Sie könnten auch Erbsen (gerne TK-Ware) oder Okraschoten nehmen, was super lecker ist. Servieren Sie Basmatireis und Yeshis Dal (Seite 204) dazu.

2 EL Kochöl
4 cm Ingwer, gewaschen, mit Schale, fein gehackt
3 große Knoblauchzehen, dünn geschnitten
1 rote Zwiebel, gewürfelt
1 Tomate, gewürfelt
1 TL Salz
500 g Rinderhack
1 TL Bassar Curry Masala (oder scharfes Chilipulver)
1 große oder 2 kleine grüne Paprikaschoten, in 2,5 cm große Stücke geschnitten
1 EL Sesamöl

Abbildung auf Seite 202

Das Öl in einem großen Wok oder einer großen Bratpfanne auf mittlerer bis hoher Stufe erhitzen. Wenn es heiß ist, Ingwer und Knoblauch unter Umrühren goldbraun anbraten. Zwiebel, Tomate und Salz hineinrühren und weiterkochen, bis Zwiebel und Tomate weich sind (ca. 5 Minuten).

Nun Rindfleisch und Curry Masala hinzufügen und alles zusammen 7–8 Minuten rühren; das Fleisch dabei ab und zu hinunterdrücken, damit der Saft besser austritt. Sobald der Saft wieder aufgenommen ist, die Hitze reduzieren und gründlich umrühren, damit nichts ansetzt.

Zum Schluss grüne Paprikaschoten und Sesamöl hinzugeben und weitere 6–7 Minuten unter Umrühren braten, je nachdem, wie weich die Paprikaschoten sein sollen. Falls das Ganze etwas trocken aussieht, einfach ein wenig kochendes Wasser hinzugeben.

Cremiges Kokos-Curry mit gemischtem Gemüse

Für 4–6 Portionen

In Tibet – und in Indien, wo er viele Jahre gelebt hat – war es Yeshi unmöglich, Gemüse zu bekommen, das gerade keine Saison hatte. Als er nach Großbritannien kam, faszinierte ihn, dass die Märkte und Läden ungeachtet der Jahreszeit das ganze Jahr über dasselbe Obst und Gemüse vorrätig hatten. Doch bald hatte er dieses immergleiche Angebot hier auf dieser kleinen Insel satt, und es gehört seither zu den Dingen, mit denen er sich am schwersten tut.

Zum Glück haben wir im Laufe der Jahre – und dank der Kontakte zu Großhändlern, die wir für unser Restaurant und den Essensstand geknüpft haben – Wege gefunden, frische, einheimische und saisonale Erzeugnisse zu bekommen, und wir versuchen immer, mit diesen Produkten zu kochen. Wenn Sie es auch gern so halten, ersetzen Sie ruhig im Herbst die Zucchini durch Kürbis oder im Sommer den Blumenkohl durch Paprikaschoten und so weiter. Servieren Sie das Curry mit Basmatireis.

4 cm Ingwer, gewaschen, mit Schale
4 große Knoblauchzehen
1 rote Zwiebel
2 große Tomaten
2 EL Kochöl
¼ TL Kurkuma
1 TL Bassar Curry Masala (oder scharfes Chilipulver)
2 TL Madras-Currypulver
400 ml Kokosmilch
9 Speisefrühkartoffeln, ca. 400 g
2 Karotten, ca. 250 g
½ Blumenkohl, ca. 350 g
1 Zucchini, ca. 250 g
2 TL Salz
3 EL Kokosmilchpulver – optional
Koriandergrün mit Stängeln, gehackt, zum Garnieren – optional

VEGAN

Ingwer, Knoblauch, Zwiebel und Tomaten fein hacken; darauf achten, dass die Stückchen wirklich ganz winzig sind, denn dies ist die Basis der Currypaste.

Das Öl in einem großen Wok auf mittlerer bis hoher Stufe aufsetzen. Wenn es heiß ist, Ingwer und Knoblauch unter Umrühren golden anbraten, dann die Zwiebel hinzufügen und 2 Minuten unter Umrühren braten. Tomaten, Kurkuma, Curry Masala und Currypulver einrühren und sorgfältig in die Paste einarbeiten. Nun die Hitze auf die höchstmögliche Stufe stellen und Kokosmilch hinzugeben. Gründlich umrühren, dann 15 Minuten kochen, dabei ab und an umrühren.

In der Zwischenzeit das übrige Gemüse in mundgerechte Stücke schneiden: Die Blumenkohlstücke dürfen etwas größer sein als die anderen Gemüse. Kartoffeln und Karotten in eine Schüssel geben – diese beiden kommen als Erste in den Wok – und Blumenkohl und Zucchini in eine andere.

Salz, Kartoffeln und Karotten in den Wok geben sowie Kokosmilchpulver, falls verwendet. 100 ml kochendes Wasser zugießen und gut umrühren, dann die Hitze auf niedrige bis mittlere Stufe verringern, Deckel auflegen und ca. 10 Minuten köcheln lassen (gelegentlich umrühren). Jetzt können Sie Blumenkohl und Zucchini hinzufügen. Falls der Wok etwas trocken aussieht, noch einen Spritzer kochendes Wasser dazugeben. Weitere 7–8 Minuten kochen (und ab und zu umrühren) oder bis das ganze Gemüse weich ist.

Wenn Sie mögen, mit Koriandergrün garnieren und dann servieren.

Schnelles Lamm-Biryani

Für 4 Portionen

Yeshis älterer Bruder Nyima lebte viele Jahre als Mönch im Kloster Gaden Shartse in Mundgod, im südindischen Bundesstaat Karnataka. Ein tibetischer Mönch verbringt sein Leben nicht ausschließlich in Meditation oder Gebet, sondern er ist sehr aktiv. Nyima hatte während seiner Klosterzeit die Funktion des Chefkochs. Alle Gemüsehändler in der ganzen Stadt kannten ihn sehr gut, und er war berühmt für die große Palette an Gerichten, die er und sein Team für die Mönche des Klosters kochten. Heute ist Nyima Chefkoch eines indischen Restaurants in New York. Yeshis *Biryani*-Rezept ist größtenteils von Nyima übernommen, der, wie Yeshi sagt, das beste *Biryani* kocht, das er je gegessen hat. Diese Version ist im Gegensatz zu vielen traditionellen indischen *Biryanis* schnell zubereitet. Tomaten-*Sepen* (Seite 188) macht sich gut dazu, genauso wie eine Beisuppe mit Spinat und Ei (Seite 117).

- 2 EL Kochöl
- 2 große Knoblauchzehen, dünn geschnitten
- 2 Sternanis
- 2–3 Lorbeerblätter
- 3–4 frische oder 7–8 getrocknete Curryblätter
- 1 rote Zwiebel, dünn geschnitten
- 2 Tomaten, fein gewürfelt
- 600 g Lammschulter, mit Knochen, in mundgerechte Stücke geschnitten – Knochen aufheben und mit in den Topf geben
- 2 TL Salz
- 1 TL Bassar Curry Masala (oder scharfes Chilipulver) oder mehr nach Geschmack
- 2 TL Madras-Currypulver oder mehr nach Geschmack
- ½ TL Kurkuma
- 2 Karotten, ca. 300 g, gewaschen, mit Schale, fein gewürfelt
- 1 Kartoffel, ca. 150–200 g, gewaschen, mit Schale, fein gewürfelt
- 300 g Basmatireis, gewaschen
- Saft von ½ Limette
- Koriandergrün zum Garnieren – optional

Das Öl in einem großen Topf auf mittlerer bis hoher Stufe erhitzen, dann den Knoblauch hineingeben. Nach ca. ½ Minute Sternanis und Lorbeerblätter hinzufügen und eine weitere Minute alles gut umrühren. Nun die Zwiebel hineingeben, kurz darauf die Tomaten, und 4–5 Minuten gründlich umrühren.

Das Lammfleisch und auch den Knochen in den Topf geben. Salz, Curry Masala, Currypulver (von Letzteren beiden Gewürzen mehr nehmen, wenn Sie gern scharf essen) und Kurkuma hinzufügen und 10–15 Minuten braten. Der Topf wird recht trocken aussehen, aber das Fleisch soll scharf angebraten sein, daher ist das richtig so – einfach immer weiterrühren, damit nichts ansetzt. Die Hitze auf mittlere Stufe verringern und Karotten und Kartoffeln hinzugeben. Alles gut umrühren, Deckel auflegen und 2–3 Minuten kochen.

Nun den Reis zusammen mit 700 ml kaltem Wasser hinzugeben. Gründlich umrühren und darauf achten, dass alles im Topf mit Flüssigkeit bedeckt ist. Deckel wieder auflegen, Hitze auf hohe Stufe stellen und zum Kochen bringen. Wenn der Reis das Wasser aufgenommen hat, die Hitze auf niedrige Stufe stellen und 10 Minuten köcheln lassen; ab und zu prüfen, dass nichts ansetzt. Wenn der Reis oben im Topf weich ist, weiß man, dass das ***Biryani*** fertig ist. Nun vom Herd nehmen und 5 Minuten stehen lassen, damit der Reis die ganze Flüssigkeit aufnehmen kann.

Direkt vor dem Servieren etwas Limettensaft darübergeben und mit etwas Koriandergrün garnieren, wenn Sie mögen.

Yeshi sagt: »Sie können dieses Gericht mit anderen Fleischsorten ausprobieren, aber Lamm ist gut, weil es einen hohen Fettgehalt hat, und dadurch wird das *Biryani* super saftig. Zu mager soll das Fleisch hier definitiv nicht sein.«

Eintopf mit Daikonrettich und Spinat

Für 4–6 Portionen

Wenn Sie je die Chance haben, Daikonrettiche noch mit grünem Kraut zu kaufen, greifen Sie zu! Diese erntefrischen Rettiche sind weicher im Geschmack, und das Kraut kann in vielerlei gekochten Gerichten verwendet werden. Daikonrettich ist unkompliziert im Anbau, gedeiht den ganzen tibetischen Winter über und lässt sich über lange Zeit lagern – das macht ihn zu einem Grundnahrungsmittel. Selten steht er im Mittelpunkt, doch hier ist er einmal die Hauptattraktion. Genießen Sie diesen gesunden Eintopf mit Basmatireis oder *Tingmo* (gedämpftes Brot, Seite 167).

- 2 EL Kochöl
- 2 frische grüne Chilischoten, dünn geschnitten, mit Kernen
- 2 große Knoblauchzehen, dünn geschnitten
- 1 rote Zwiebel, halbiert, dünn geschnitten
- 2 Tomaten, halbiert, dünn geschnitten
- ½ TL gemahlener Kreuzkümmel
- 1 ½ TL Salz
- ½ TL schwarzer Pfeffer oder zerstoßene Szechuanpfefferkörner (*Yerma*)
- 2 Daikonrettiche, insgesamt ca. 500 g, gewaschen, mit Schale
- 1 Bund ganzer Blattspinat, ca. 175 g
- 1 TL Sesamöl
- Koriandergrün oder Frühlingszwiebeln/Schalotten, gehackt, zum Servieren

VEGAN

Das Öl in einem Wok oder einem großen Topf auf mittlerer bis hoher Stufe erhitzen, dann Chilischoten und Knoblauch hineingeben und eine Minute unter Umrühren anbraten; nun die Zwiebel hinzufügen. Nach einer Minute Tomaten, Kreuzkümmel, Salz und schwarzen Pfeffer oder Szechuanpfeffer dazugeben.

Die Rettiche schräg in dicke Scheiben schneiden und diese in schmale Streifen, wie Pommes frites. In den Topf geben und 6–7 Minuten unter häufigem Umrühren kochen.

In der Zwischenzeit den Spinat einschließlich der Stiele grob in 2,5–5 cm große Stücke hacken. In kaltem Wasser gründlich waschen, dann in einer Schüssel mit kaltem Wasser beiseite stellen.

Wenn der Rettich gar ist, den Spinat aus dem Wasser heben und in den Wok geben (so lässt man alles, was knirschen könnte, auf dem Boden der Schüssel zurück). 2–3 Minuten gründlich umrühren, dann etwa 400 ml kaltes Wasser hinzufügen und zum Kochen bringen. Wenn der Spinat etwas zusammengefallen ist, Sesamöl hinzugeben und noch eine Minute kochen.

Mit Koriandergrün oder Frühlingszwiebeln garnieren und servieren.

Yeshis gebratenes Schweinefleisch Spezial

Für 4–6 Portionen

In seinem Buch *Meine spirituelle Autobiographie* sinnt Seine Heiligkeit der XIV. Dalai Lama darüber nach, wie gern sein Vater Schweinefleisch aß. Der Dalai Lama kam als kleiner Junge nach Lhasa in den Potala Palace, in dessen Küchen traditionellerweise kein Platz für Schweinefleisch, Eier oder Fisch war, und er erinnert sich daran, wie er bei seinen Besuchen zu Hause wie ein Hündchen um Schweinefleischbissen bettelte. »Es war ein wenig illegal«, sagt er lachend. Servieren Sie zu diesem besonderen Schweinefleischgericht Basmatireis, *Tingmo* (gedämpftes Brot, Seite 167) oder luftiges Riesenzupfbrot (Seite 175).

500 g Schweinebauch
2 EL Kochöl
2 große Knoblauchzehen, dünn geschnitten
6 cm Ingwer, gewaschen, mit Schale, dünn geschnitten
4 frische grüne Chilischoten, dünn geschnitten
1 TL Salz
1 TL Kristallzucker
1 rote Zwiebel, grob gehackt
1 grüne Paprikaschote, grob zerkleinert
1 gelbe oder orangefarbene Paprikaschote, grob zerkleinert
2 Tomaten, grob zerkleinert
1 EL helle Sojasoße
2 TL schwarzer Chinkiang-Essig
2 TL Sesamöl

Für die Marinade

1 EL dunkle Sojasoße
1 ½ TL Salz
½ TL Kurkuma
¼ TL Szechuanpfefferkörner (*Yerma*), zerstoßen
1 kleine Knoblauchzehe, gehackt
2,5–4 cm Ingwer, gewaschen, mit Schale, gehackt

In einer Schüssel die Zutaten für die Marinade verrühren. Den Schweinebauch in große Stücke schneiden, in die Schüssel geben und gründlich vermischen. Abdecken und im Kühlschrank über Nacht oder gut einen ganzen Tag marinieren.

Fleisch aus der Marinade nehmen und in einen großen Topf geben. Etwa 1,5 l kochendes Wasser hinzugeben, Deckel auflegen und auf hoher Stufe 40 Minuten kochen lassen; ab und zu prüfen, dass es nicht überkocht. Fleisch aus dem Kochwasser nehmen und etwas abkühlen lassen, dann etwaige Knochen entfernen und das Fleisch würfeln.

In einem Wok das Öl auf hoher Stufe erhitzen und Knoblauch, Ingwer und Chilischoten kurz unter Umrühren anbraten, dann die Hitze etwas verringern. Salz und Zucker hinzugeben und untermischen. Als Nächstes die Zwiebel hinzufügen und unter Umrühren anbraten, bis sie weich, aber nicht gebräunt ist. Nun die Paprikaschoten hinzugeben und ebenfalls einige Minuten unter Umrühren anbraten.

Jetzt Schweinefleisch und Tomaten hinzufügen, die Hitze wieder auf hohe Stufe stellen und gut umrühren. Die helle Sojasoße, Essig und Sesamöl hinzugeben und 5 Minuten weiterkochen oder bis die Paprikaschoten etwas weich geworden sind, dabei ab und zu behutsam umrühren. Servieren.

Süße Köstlichkeiten

Nachtisch isst man in Tibet im Grunde eher nicht, aber in Yeshis Dorf mit jährlich zwei Ernten gedeihen Obstbäume aller Art und bescheren Naschkatzen Genuss in Hülle und Fülle. Auch Honig sammelt man viel, verarbeitet ihn in Snacks und isst ihn zum Brot.

Ganz typisch für süße tibetische Lebensmittel ist, dass man sie normalerweise mit herzhaften Zutaten zu einem Gericht kombiniert, was Nichtasiaten womöglich überrascht. Zum Beispiel werden die süßesten Leckereien klassischerweise mit Käse gemacht. Ein beliebter süßer Snack ist in manchen Teilen Tibets ein Gericht aus handgemachten Nudeln, die mit Butter, Zucker und geriebenem Käse gekocht werden, also im Prinzip süße Käsenudeln. Anderenorts gibt es die Süßspeise *Thue* aus Käse, Walnüssen, braunem Zucker und Butter.

Zum tibetischen Neujahrsfest *Losar* ist ein süßes Gericht aus Reis, Butter, Rosinen, Datteln und Nüssen namens *Dresil* (Seite 83) traditionellerweise das erste an diesem Tag angebotene Essen. In dieser Zeit des Jahres wird ein ganzes Sortiment anderer Snacks auf der Basis von Nüssen und Saaten zubereitet und gegessen, sie sind allerdings speziell dafür da, den Mund zu beschäftigen, während andere Gerichte zubereitet werden. Nomen est omen: *Khabsey*, die am meisten verzehrte *Losar*-Süßspeise überhaupt, bedeutet wörtlich übersetzt »Mund, essen«.

Es gibt jedoch keine eigentlich Nachspeisen- oder Süßspeisenkultur. Als wir Yeshis Eltern zum ersten Mal Schokolade zu kosten gaben, ekelten sie sich regelrecht. Vielleicht ist es eine Frage der Textur. Mit Zucker vertraut ist die Familie zweifellos: Von der letzten Tibetreise haben unsere Kinder die bleibende Erinnerung, wie sich Yeshis Tante eines der aus dem Flugzeug mitgebrachten Zuckertütchen schnappte und ohne viel Federlesens den ganzen Inhalt in ihren Mund schüttete.

Yeshi hat als Kind in Tibet vielleicht nicht viele Süßigkeiten gegessen, doch das holt er jetzt mehr als nach! Unsere Kinder nennen ihn den »heimlichen Schokofresser« – obwohl Yeshi beteuert, er finde viele Nachspeisen »zu süß«, verschwinden Kuchen, Schokoladen und die Beute zu Halloween auf geheimnisvolle Art und Weise, nachdem die Kinder ins Bett gegangen sind.

Seit Yeshi nach Großbritannien gekommen ist, lernt er mit großem Vergnügen backen – Cupcakes, Crumbles und Kuchen aller Art –, kennt und versteht jedoch noch nicht alle Marotten unseres Backofens. Mit Ausnahme der *Tsampa*-Bällchen werden alle Rezepte aus diesem Kapitel auf dem Herd zubereitet, mit Dampfgarer, Bratpfanne oder Wok.

Khabseys (Kekse für festliche Anlässe)

Ergibt 30–40 Kekse

Kekse und Kuchen sind in Tibet keine Alltagskost, zur Zeit der *Losar*-Feiern (Neujahr) hingegen gibt es bergeweise *Khabseys*. Da man diesen schlichten Keksen alle möglichen wunderschönen Formen gibt, ist dies die ultimative Gelegenheit, die eigenen kreativen und künstlerischen Seiten zu entfalten.

Zuerst wird ein symbolischer, skorpionförmiger Keks gemacht. Es ist eine Opfergabe zur Abwehr von Unglück, einschließlich jeglicher Pannen in der Küche, und für die Dauer des *Losar*-Festes wird er beim Herd aufgehängt. Andere große *Khabseys* werden über Kreuz aufgestapelt, um auf dem Altar die Acht Glückssymbole des tibetischen Buddhismus darzustellen. Weniger verzierte *Khabseys* werden als Snack verzehrt oder Gästen angeboten, und in der Zeit um Neujahr werden in der Küche buchstäblich säckeweise *Khabseys* vorhanden sein. Die Anleitung für das gebräuchlichste Design folgt unten, vielleicht machen Sie aber lieber *Hrug-Hrug* (»kleine Stücke«), das sind im Prinzip einfach nur kleine Vier- oder Dreiecke.

150 g Feinzucker
500 g Mehl mit 3 TL (15 g) Backpulver plus Mehl zum Bestäuben
1 l Kochöl zum Frittieren plus 2 EL extra
Puderzucker zum Bestreuen

VEGAN

Den Zucker in eine Schüssel geben und mit 170 ml kochendem Wasser aufgießen. Gut umrühren, bis der Zucker sich komplett aufgelöst hat, dann 5–10 Minuten abkühlen lassen.

Das Mehl in eine Schüssel geben und die 2 EL Öl hinzugeben. Das Öl mit einer Hand in das Mehl mischen und zugleich mit der anderen das gesüßte Wasser langsam zugießen. Gründlich kneten, bis das Gemisch in der Schüssel einen Teig bildet, dann abdecken und 15–20 Minuten beiseite stellen.

Den Teig aus der Schüssel nehmen und ca. eine Minute kneten, dann in 4 grob gleich große Stücke aufteilen. Ein Teigstück nehmen – die anderen abgedeckt in der Schüssel lassen, damit sie nicht austrocknen – und zu einer Kugel rollen. Mit der Hand etwas flach drücken, dann mit einer Teigrolle ausrollen, dabei drehen und wenden, bis der Teig kreisrund und etwa 2 mm dick ist. Die Arbeitsfläche mit etwas Mehl bestäuben, falls der Teig festklebt.
Nun können Sie die ***Khabseys*** in jeder erdenklichen Form fertigen, die Ihnen gefällt. Verwenden Sie dafür gern Ausstechförmchen.

Die traditionelle ***Kong-Chen***-Form wird wie folgt gearbeitet: Mit einem scharfen Messer den ausgerollten Teig halbieren, dann den Halbkreis in Dreiecke mit zwei langen Seiten und einer sehr kurzen Seite schneiden. Idealerweise sollten die Dreiecke 6–8 cm lang sein.

Fortsetzung auf der nächsten Seite >

> Khabsey *Fortsetzung*

In die Mitte der Dreiecke einen Schlitz schneiden, das spitze Ende hindurchführen und ganz auf die andere Seite ziehen.

Die Kekse nun unabhängig von ihrer Form (sie wirkt sich nicht auf den Geschmack aus!) in eine Schüssel geben und beiseite stellen; den restlichen Teig ausrollen und formen.

Das Frittieröl in eine große Bratpfanne oder einen standfesten Wok geben und auf mittlerer bis hoher Stufe erhitzen. Zum Prüfen der Temperatur ein kleines Stückchen Teig ins Öl geben: Wenn es sofort brutzelt, kann es losgehen. In mehreren Portionen frittieren. Die ***Khabseys*** einzeln vorsichtig ins Öl geben, damit es nicht spritzt, und mit einer Zange oder langen Essstäbchen behutsam im Öl bewegen. Sie sind nach wenigen Minuten fertig. Die ***Khabseys*** wenden, sobald sie auf einer Seite goldbraun sind, sodass sie auch auf der anderen Seite bräunen können. Die fertigen Kekse herausheben und auf Küchenpapier abtropfen lassen. So fortfahren, bis alle ***Khabseys*** fertig sind.

Das Gebäck mit etwas Puderzucker bestreuen und servieren. Reste können in einem luftdichten Behälter bis zu einer Woche lang aufbewahrt werden.

Yeshi sagt: »Am besten wird das Ergebnis mit dünn ausgerolltem Teig. Und immer darauf achten, dass das Öl richtig heiß ist, bevor die *Khabseys* hineinkommen. Bedenken Sie, dass die erste Partie wahrscheinlich etwas heller ist als die folgenden. Sie sollte jedenfalls schön knusprig schmecken, wenn Sie sie richtig ausgebacken haben. Das Kochöl kann man filtern und wiederverwenden – nicht weggießen.«

Honig-Nuss-Granola-Riegel

Für 6–8 Personen

In Tibet werden diese Riegel zu Hochzeiten und anderen besonderen Gelegenheiten zubereitet. Walnüsse nimmt man immer, denn die gibt es reichlich, und sie wachsen vor Ort. Getreide wie geröstete Gerste und Weizen ist normalerweise enthalten, und auch Hanfsamen finden oft den Weg hinein, verwenden Sie sie also ruhig, falls Sie welche haben. Eine jüngste Analyse uralter Pollen legt nahe, dass Cannabis sich auf der tibetischen Hochebene entwickelt haben könnte; ganz sicher wird es hier seit Jahrhunderten angebaut und verwendet. Yeshi berichtet, er sei ihm in Tibet oft begegnet, aber bevor er fortging, hatte er keine Ahnung, wofür es außer als Nahrungsmittel und für industrielle Verarbeitung verwendet wird.

300 g Walnüsse
150 g Cashewkerne
150 g Mandeln
50 g Sesam
Kokospulver (Seite 242) oder *Tsampa* (geröstetes Gerstenmehl, Seite 51) zum Bestreuen
200 g Feinzucker
100 g flüssiger Honig

VEGETARISCH

Mit Mörser und Stößel Walnüsse, Cashewkerne und Mandeln in mehreren Portionen zerstoßen und in eine Schüssel umfüllen (man kann die Nüsse auch in einen Gefrierbeutel mit Reißverschluss geben und mit einer Teigrolle walzen, falls Ihnen das lieber ist). Sesam dazugeben und gründlich vermischen.

Ein Backblech mit Backpapier auslegen und etwas Kokospulver oder *Tsampa* aufstreuen – nur so viel, dass der Boden bedeckt ist.

Einen großen Topf bei niedriger Hitze aufsetzen und Zucker und Honig hineingeben. Mit einem Holzlöffel mehrere Minuten schön umrühren, bis das Gemisch anfängt, Blasen zu werfen. Nun alle Nüsse hinzugeben und alles behutsam, aber gründlich, mehrere Minuten durchrühren.

Das Gemisch auf das Backblech leeren und mit dem Holzlöffel sanft andrücken, alle Ecken ausfüllen und alles so gleichmäßig und eben wie möglich auf dem Blech verstreichen.

Backpapier auflegen und mit den Händen auf die Oberfläche drücken. Etwa eine Stunde abkühlen und fest werden lassen, dann zum Servieren in kleine Stücke schneiden.

Schokolade-Tsampa-Trüffel

Ergibt 15–20 Trüffel

Diese Trüffel hat Yeshi erfunden. Er hat sie für ein formelles Abendessen in einer Villa aus dem 17. Jahrhundert etwas außerhalb von Oxford entwickelt, wo er das Catering ausrichtete. Er sollte sich etwas einfallen lassen, das zum Kaffee passt, und herauskamen diese Trüffel. Ich esse sie liebend gern und die Kunden von Taste Tibet auch. Die Nussigkeit des *Tsampas*, liebevoll umhüllt mit Schokolade. Ob mit Zucker oder Honig zubereitet, schmecken sie gleichermaßen fein, aber mit Honig schmelzen sie noch mehr auf der Zunge.

100 g Schokolade, 70 % Kakao
100 g flüssiger Honig oder Feinzucker
100 g Butter
100 g *Tsampa* (geröstetes Gerstenmehl, Seite 51)

VEGETARISCH

Die Schokolade zerbrechen und mit Honig oder Zucker und Butter in einen antihaftbeschichteten Topf geben. Auf niedriger Stufe aufsetzen und mit einem Holzlöffel behutsam umrühren. Wenn das Gemisch geschmolzen ist, den Topf vom Herd nehmen und *Tsampa* hinzugeben. Alles vermischen, dann 1 oder 2 Minuten abkühlen lassen, aber nicht länger – das Gemisch sollte sich noch heiß anfühlen.

Nun mit einem Löffel trüffelgroße Mengen, jeweils ca. 15 g, aus dem Topf nehmen. Zwischen den Handflächen zusammenpressen und zu kleinen Kugeln rollen. Die Trüffel vor dem Servieren etwas abkühlen lassen.

Yeshi sagt: »Diese Mengen sind gut zu verarbeiten, sofern Ihr *Tsampa* sehr fein gemahlen ist. Wenn Sie eine Gewürz- oder Kaffeemühle (und keine Getreidemühle) verwendet haben, ist es vermutlich gröber und daher nicht so saugfähig. Wenn das Gemisch sich also nicht so richtig verbinden will, geben Sie mehr *Tsampa* hinzu, damit es sich mit den Händen formen lässt.«

Tibetische Sesamhappen

Für 6–8 Personen

Dieser Snack wird oft zum tibetischen Neujahrsfest zubereitet. Sesam ist kein einheimisches Gewächs, wird aber in der chinesischen Küche verwendet und ist heute auf der tibetischen Hochebene überall erhältlich. Yeshi sagt, er habe oft nach den Sesamsnacks geschielt, die man in der Stadt in den Lebensmittelgeschäften kaufen konnte, aber seine Familie traute Fertigspeisen aller Art nicht über den Weg und bestand darauf, sie selbst zuzubereiten. Es geht ganz einfach.

500 g Sesam
150 g Feinzucker
150 g flüssiger Honig

VEGETARISCH

Ein Backblech mit Backpapier auslegen.

Sesam in einen Wok geben und auf mittlerer Stufe rösten – dabei häufig umrühren, damit die Hitze alle Körner erreicht –, bis sie goldbraun sind und nussig duften. Dies dauert ca. 7–8 Minuten.

In der Zwischenzeit Zucker und Honig in einen Topf mit schwerem Boden geben und auf niedriger Stufe und unter häufigem Umrühren köcheln, bis sie goldbraun sind; dies müsste auch 7–8 Minuten dauern.

Wenn Zucker und Honig anfangen, Blasen zu werfen, aber noch recht flüssig sind (das Gemisch soll nicht hart werden), den Sesam in den Topf schütten und auf dem Herd gründlich vermischen.

Das süße Sesamgemisch auf das Backblech gießen und mit einem leicht geölten Spatel oder Palettenmesser gleichmäßig andrücken.

Ein paar Minuten abkühlen und festwerden lassen, dann in Stücke schneiden, groß genug für den kleinen Hunger.

Schokoladenmomos

Ergibt ca. 20 Momos

Den Kindern macht die Zubereitung von Schokoladenmomos einen Riesenspaß.

Naturjoghurt zum Servieren

Für den Teig

90 g Schokolade, 70 % Kakao
50 g ungesalzene Butter
300 g Mehl mit 2 TL (9 g) Backpulver plus Mehl zum Bestäuben
1 großes Ei

Für die Füllung

90 g Schokolade, 70 % Kakao
70 g ungesalzene Butter
70 g Feinzucker
100 g Vollkornkekse natur, je nach Gewicht ca. 7 Stück
60 g *Tsampa* (geröstetes Gerstenmehl, Seite 51) – optional

VEGETARISCH

Für den Teig einen mittelgroßen Topf zu ca. ¼ mit kochendem Wasser füllen und auf niedriger Stufe aufsetzen. Eine hitzebeständige Schüssel auf den Topf setzen (der Boden darf das Wasser nicht berühren). Die Schokolade in kleine Stücke brechen und mit der Butter in die Schüssel geben. Vorsichtig 2–3 Minuten lang umrühren, bis alles geschmolzen ist, dann vom Herd nehmen und 1 oder 2 Minuten abkühlen lassen.

In der Zwischenzeit das Mehl in eine Schüssel geben, das Ei aufschlagen und beides grob vermengen. Das etwas abgekühlte Schokogemisch hinzugeben. Mit einer Hand mischen und zugleich 60 ml warmes Wasser zugießen. Weitermischen und kneten, bis eine Teigkugel entstanden ist; zudecken und 15–20 Minuten beiseite stellen.

Unterdessen für die Füllung die Schokolade zerbrechen, in einen Topf geben, Butter und Zucker hinzufügen und auf niedriger Stufe aufsetzen. Die Kekse in einer Schüssel mit dem Griff der Teigrolle zerkrümeln (oder im Mixer zerkleinern und in eine Schüssel füllen). 100 ml kochendes Wasser hinzugeben sowie, falls verwendet, das *Tsampa*. Gründlich mischen. Wenn das Schokogemisch vollständig geschmolzen ist, mit einem Spatel in das Keksgemisch einarbeiten.

Den Teig ein paar Minuten kneten, dann halbieren.

Die Arbeitsfläche leicht bemehlen; nicht zu stark, sonst könnte der Teig zu fest werden, und die Momos lassen sich später schwerer formen. Ein Teigstück nehmen, das andere zugedeckt in der Schüssel lassen. Den Teig zu einer ca. 25 cm langen Wurst ausrollen, in 10 gleich große Stücke schneiden und jedes mit der Hand etwas flach drücken. Nun die Teigblätter einzeln herstellen. Das flach gedrückte Teigstück mit einer Teigrolle schnell und fest nach oben und nach unten schiebend und ziehend bearbeiten; das Teigstück dabei mit der freien Hand halten und nach und nach etwas drehen. Die Mitte sollte am Schluss etwas dicker sein als die Ränder, und das Teigblatt sollte Ihre Handfläche ausfüllen; es muss kein perfekter Kreis sein.

Wenn Sie bereit sind, die Momos zu füllen, einzuwickeln und zu formen, folgen Sie den Anweisungen auf Seite 144–146] und formen die Momos so, wie Sie mögen.

Da diese Momos außen schön buttrig sind, muss man die Dämpfkörbe nicht einfetten oder mit Backpapier auslegen. Auf hoher Stufe ca. 14–16 Minuten dämpfen (Seite 146), dann mit Joghurt servieren.

Momos mit Apfel- und Birnenfüllung

Ergibt ca. 20 Momos

Als wir nach Tibet reisten, um Yeshis Familie 17 Jahre nach seinem Weggang zum ersten Mal zu treffen, brachten seine Eltern ein paar Äpfel von einem Baum mit, den er damals kurz zuvor gepflanzt hatte. Die Symbolik von Yeshis Baum, der in seiner Abwesenheit weitergedieh, war eindringlich, und die Äpfel schmeckten unbeschreiblich gut. Wir denken oft an diese Geste, wenn wir zu Hause diese Momos essen. Wir bereiten sie normalerweise gegen Ende des Sommers mit Äpfeln aus unserem Schrebergarten und Birnen von einem Baum in unserem Garten zu. Mit etwas Pudding oder Joghurt ein wahres Schmankerl.

Für den Teig

250 g Mehl mit 1 ½ TL (8 g) Backpulver plus Mehl zum Bestäuben

Für die Füllung

2 Äpfel, ca. 200 g insgesamt, geschält, fein gehackt

1 reife Conference-Birne, ca. 200 g, geschält, fein gehackt

1 TL gemahlener Zimt

2 EL Feinzucker

2 EL Kochöl

VEGAN

Für den Teig das Mehl in eine Schüssel geben. Langsam mit einer Hand ca. 125 ml warmes Wasser ins Mehl gießen – eine Temperatur wie zum Hände-heiß-Waschen ist gut – und zugleich mit der anderen Hand beides vermischen. Nur so viel Wasser nehmen, dass sich ein Teig bildet, er soll nicht zu klebrig werden. Kneten, bis der Teig in der Schüssel eine Kugel bildet, dann zudecken und 15–20 Minuten beiseite stellen.

In der Zwischenzeit alle Zutaten für die Füllung in eine Schüssel geben und alles gründlich umrühren.

Den Teig aus der Schüssel nehmen und einige Minuten lang kneten, dann halbieren und wieder in die Schüssel legen. Die Arbeitsfläche leicht bemehlen; nicht zu stark, sonst könnte der Teig zu fest werden, und die Momos lassen sich später schwerer formen.

Ein Teigstück herausnehmen, das andere zugedeckt in der Schüssel lassen, damit es nicht austrocknet. Den Teig zu einer 25 cm langen Wurst ausrollen, in 10 gleich große Stücke schneiden und jedes mit der Hand etwas flach drücken.

Die Teigblätter einzeln bearbeiten. Das flach gedrückte Teigstück mit einer Teigrolle schnell und fest nach oben und nach unten schiebend und ziehend bearbeiten; das Teigstück dabei mit der freien Hand halten und nach und nach etwas drehen. Die Mitte sollte am Schluss etwas dicker sein als die Ränder, und das Teigblatt sollte Ihre Handfläche ausfüllen; es muss kein perfekter Kreis sein.

Dies mit dem restlichen Teig wiederholen.

Wenn Sie bereit sind, die Momos zu füllen, einzuwickeln und zu formen, folgen Sie den Anweisungen auf Seite 144–146 und formen die Momos so, wie Sie mögen.

Am besten gelingen diese Momos auf hoher Stufe 16–19 Minuten gedämpft (Seite 146). Je nach Größe des Dampfgarers in mehreren Portionen garen.

Tsampa-Bällchen

Ergibt ca. 15 Bällchen

Mit *Tsampa* kann man in der Küche ganz prima experimentieren. Wird es mit kochendem Wasser zur richtigen Konsistenz angemischt, ist es ganz genauso gut formbar wie Spielknete, wenn nicht sogar besser, da es elastischer ist. Yeshi lässt sich liebend gern neue Möglichkeiten einfallen, die Kinder mit *Tsampa* zu beschäftigen. Im Laufe der Jahre hat er Süßigkeiten aller Art gemacht, und diese Bällchen sind am leckersten.

Bedenken Sie, dass bei der angegebenen Menge *Tsampa* davon ausgegangen wurde, dass es sehr fein gemahlen ist. Wenn Sie eine Gewürz- oder Kaffeemühle verwendet haben, wird es wahrscheinlich gröber und nicht so saugfähig sein, was bedeutet, dass Sie eventuell etwas mehr benötigen, um eine formbare Konsistenz zu bekommen.

125 g ungesalzene Butter
2 EL flüssiger Honig
200 g *Tsampa* (geröstetes Gerstenmehl, Seite 51)
50 g Feinzucker
Sesam zum Bestreuen

VEGETARISCH

Den Ofen auf 170 °C Ober- und Unterhitze (Umluft: 150 °C) vorheizen. Ein Backblech mit Backpapier auslegen.

Butter und Honig in einem Topf auf niedriger Stufe schmelzen und ab und zu umrühren. In der Zwischenzeit *Tsampa* und Zucker in einer Schüssel vermischen. Wenn Butter und Honig geschmolzen sind, den Topf vom Herd nehmen und Tsampa und Zucker hinzugeben. Mit einem Spatel gründlich umrühren.

Mit den Händen das *Tsampa*-Gemisch zu Bällchen mit ca. 4 cm Durchmesser rollen. Etwas flach drücken; in die Mitte jeweils eine leichte Vertiefung drücken.

Die Bällchen auf das Backblech setzen; es sollten am Ende ca. 15 Stück sein. Jedes mit etwas Sesam bestreuen, dann 8 Minuten im Ofen backen. Vor dem Genuss abkühlen lassen.

Übrig gebliebene Bällchen 2–3 Tage in einem luftdichten Behälter aufbewahren.

Zutaten

Tibetische Köchinnen und Köche verwenden so gut wie nie Fertigsoßen oder -pasten. Bei Taste Tibet und zu Hause bereiten wir alles selbst zu und beginnen mit den rohen Zutaten. Das Gute daran ist, dass man sehr wenig investieren muss. Aus nur wenigen einfachen Grundnahrungsmitteln können Sie viele leckere tibetische Speisen zubereiten. Manche Zutaten haben Sie bestimmt schon, und wenn nicht, müssten Sie die meisten für den Vorratsschrank in den örtlichen Asialäden oder indischen (I), chinesischen (C) oder türkischen Lebensmittelgeschäften bekommen. Man kauft sie besser dort, denn in diesen Geschäften sind sie wahrscheinlich günstiger und authentischer als alles, was man im Supermarkt findet. Falls die Läden vor Ort nicht helfen können, ist alles online erhältlich.

(I) ***Bassar Curry Masala***
Dies ist bei Currys vermutlich Yeshis größte Geheimwaffe. Wenn man es nicht hat, kann man normales scharfes Chilipulver nehmen, aber es lohnt sich wirklich, Bassar Curry Masala aufzutreiben, wenn man großartigen Geschmack erleben will. Bassar wird hauptsächlich in Pakistan und Indien verwendet und enthält nicht nur Chilipulver, sondern auch eine fantastische Mischung aus Koriander, Kurkuma, Kreuzkümmel, Bockshornklee, Lorbeerblättern, Senfsaat, Kardamom, Zimt, schwarzem Pfeffer und Muskatnuss.

Buchweizenmehl
Buchweizen wird zwar wie ein Getreide behandelt, ist aber die Frucht einer Blühpflanze und ein enger Verwandter von wildem Rhabarber, also komplett glutenfrei. Buchweizenmehl ist ein guter Ersatz für Weizenmehl und lässt sich sehr unkompliziert verarbeiten. Man kann Buchweizen in Brot, Scones, Pfannkuchen und mehr verwenden und findet ihn in allen großen Supermärkten sowie in Reformhäusern und Bioläden.

(C) (I) ***Getrocknete rote Chilischoten***
Wir verwenden gern ganze getrocknete Chilischoten und sind Fans der Marke TRS. Sie sind mittelscharf und so groß, dass man sie zum Servieren aus den Speisen herausfischen kann, denn idealerweise sollte man sie nicht mitessen. Meistens kommen sie als Erste in den Wok, um das Öl zu aromatisieren. Wenn Sie sie hacken oder zerstoßen und dabei die Kerne herauslösen – oder getrocknete verwenden, die schon aufgebrochen sind, wenn man sie kauft –, holen Sie mehr Schärfe heraus. Getrocknete Chilischoten halten sich im Vorratsschrank sehr lange (siehe auch scharfe Chiliflocken).

(I) ***Scharfe Chiliflocken***
Auf englischen Etiketten oft auch »crushed chilies«, also grob zerkleinerte Chilischoten. Wir verwenden die Marke TRS. In indischen Supermärkten sind sie in allen möglichen Ausführungen erhältlich. Eine kleine Menge reicht sehr lange! Wir geben unserem Taste Tibet-*Sepen* mit Chiliflocken mehr Feuer. Sie können sie auch anstelle des *Sepens* selbst verwenden, um Soßen und Dips, Nudel- und Wok-Gerichten Schärfe zu geben.

(C) ***Chinakohl***
Dieser große, länglich geformte, blässlich-grüne Kohl ist mild und saftig und nimmt Aromen von den Nahrungsmitteln an, mit denen er zusammen gekocht wird. Der Anbau ist einfach, er hält der Kälte hervorragend stand und ist daher eine feste Größe in der tibetischen Küche. In Wok- und Nudelgerichten, Suppen und sogar Salaten macht er sich hervorragend.

(C) ***Chinesischer Schnittlauch***
Wird manchmal auch als Knoblauchschnittlauch bezeichnet. Geschmack und Aroma sind intensiv

und knoblauchartig. Wir verwenden ihn in Momos, geben ihn aber auch in manche Wok-Gerichte. Wenn keiner zu bekommen ist, nehmen Sie stattdessen die fein geschnittenen grünen Teile von Frühlingszwiebeln/Schalotten.

(I) ***Curryblätter***
Frische Curryblätter sehen ein bisschen aus wie kleine, glänzende Zitronenblätter und müssten in indischen Lebensmittelläden erhältlich sein. Getrocknete Curryblätter sind schon eher zu bekommen, doch sie haben weniger Aroma und Geschmack. Sollten Sie gar keine finden können, lassen Sie sie einfach weg. Werden sie aber verwendet, dann zum Servieren nicht entfernen, man kann sie mitessen! Achtung: Currypulver und Curryblätter sind nicht dasselbe und nicht austauschbar.

(I) ***Daikonrettich***
Ein weißes Wurzelgemüse mit knackiger Textur, das mild und leicht süßlich schmeckt. Er wird in der tibetischen Küche sehr viel verwendet, insbesondere zum Einlegen sowie in Suppen und Wok-Gerichten. Er wächst schnell und gedeiht gut in kalten Klimazonen.

Frühlingszwiebeln
Auch Schalotten oder grüne Zwiebeln genannt. Wir geben sie normalerweise am Ende des Kochprozesses wegen ihres Dufts und der Farbe dazu. Verwenden Sie alle Teile der Zwiebel: Die grünen Spitzen sind besonders gut zum Garnieren, denn sie haben ein feineres Aroma.

(I) ***Garam Masala***
Wörtlich »scharfes Aromapulver«. Eine duftende Mischung gemahlener Gewürze, normalerweise mit Nelken, Zimt und Kardamom. Dadurch ist die Mischung stärker und beißend-schärfer als Currypulver.

(C) ***Glasnudeln***
Auf Tibetisch heißen sie »Phing« (putzigerweise »Ping« gesprochen) und werden manchmal auch Zellophan- oder Fadennudeln genannt. Sie sind transparent, sehr fein und werden aus Mungbohnen- oder Kartoffelstärke hergestellt. Für die tibetische Küche sind beide Typen gut geeignet. Phing gibt man gern in Eintöpfe, mit Wolkenohrpilzen sind sie schmackhaft und werden im Sommer auch verbreitet als kalter Snack verzehrt.

(I) ***Jeera***
Siehe Kreuzkümmel.

(I) ***Kardamom***
Kardamom ist ein Gewürz aus der Familie der Ingwergewächse und wird seit Jahrhunderten genutzt, um Tee, Kaffee, Reisgerichte und Pasteten aufzupeppen. Er hat ein intensives Aroma und einen wundervoll würzig-süßen Geschmack, der süße und herzhafte Gerichte abrundet. Kardamom gedeiht in großer Höhe, wird in tibetischen Speisen jedoch nicht sehr viel verwendet. Wir mögen ihn allerdings im Chai.

(C) ***Knoblauchsprossen***
Die dünnen grünen gebogenen Stiele der Knoblauchblüte sind für sich genommen auch sehr wohlschmeckend. Man kann sie im späten Frühjahr und im Frühsommer ernten. Sie sind mild und haben eine Textur wie Spargel.

Eine Anmerkung zu Kochöl
Yeshis Familie kocht normalerweise mit Kuh- oder Yakmilchbutter. Auch Walnussöl verwenden sie viel. Sie pressen das Öl selbst aus den Früchten der vielen Walnussbäume im Dorf und in der Umgebung. Die Nüsse werden geröstet, dann zersto-

ßen, dann gekocht, und das Öl, das nach oben steigt, wird dann abgesogen.

In Indien begann Yeshi, mit Pflanzen-, Sonnenblumen- und Rapsöl zu kochen, und in Großbritannien hat er Olivenöl in sein Repertoire aufgenommen. Sofern nicht anders angegeben ist, kochen wir im Normalfall mit Raps- oder Pflanzenöl, nehmen Sie aber gern Ihr bevorzugtes Kochöl, Hauptsache, es ist geschmacklich recht neutral und hat einen hohen Rauchpunkt.

Für manche Gerichte benötigt man 1 l Öl oder mehr zum Frittieren – dieses Öl kann man wiederverwenden. Abkühlen lassen, durch einen Filter in eine Flasche oder einen anderen Behälter laufen lassen und an einem kühlen, trockenen Ort aufbewahren.

Kokosmilch
Wir verarbeiten bei Taste Tibet sehr viel davon in unseren Currys. Kokosmilch ist die dicke, milchig-weiße Flüssigkeit, die aus dem geriebenen Fruchtfleisch der Kokosnuss gewonnen wird. Sie ist nahezu überall in Dosen erhältlich, ist vegan und laktosefrei und verleiht allem, was Sie damit kochen, ein wenig Luxus.

(I) ***Kokosmilchpulver***
Es handelt sich um eine Form der Kokosmilch, der das Wasser entzogen wurde. Bei der Herstellung wird das Kokosnussfleisch durch Zerstäubungstrocknung zu Pulver. Durch Zugabe von Wasser kann es wieder verflüssigt werden, und Sie können so viel oder so wenig Kokosmilch anrühren, wie Sie brauchen. Wir verwenden Kokosmilchpulver, um unseren Currys ein feines, süßes Kokosaroma zu geben, und damit es sich cremig anfühlt im Mund. Es wird normalerweise in Päckchen verkauft.

(I) ***Kokospulver***
Nicht zu verwechseln mit Kokosmilchpulver. Kokospulver wird aus getrockneter Kokosnuss hergestellt; es wird in Nachspeisen verwendet und kann zu Currys hinzugegeben werden. Normale Supermärkte werden oft nur Kokosmilchpulver haben statt pulverisierter Kokosnuss, gehen Sie also am besten in ein indisches Lebensmittelgeschäft. Ansonsten finden Sie es online.

(I) ***Koriandergrün***
An diesem Kraut scheiden sich die Geister. Wenn Sie es unangenehm finden, lassen Sie es ruhig weg, aber wenn Sie es gern essen, freut es Sie sicher, zu erfahren, dass frisches Koriandergrün in der tibetischen Küche häufig verwendet wird.

(I) ***Koriandersamen***
In Tibet hat man nicht das ganze Jahr über frisches Koriandergrün, deswegen verwendet Yeshis Familie außerhalb der Saison auch die zerstoßenen Samen der Pflanze. Geben Sie unbedingt ein wenig Pulver ins Essen, und auch das frische Grünzeug – wenn Sie Koriander mögen, werden Sie beides oft verwenden.

(I) ***Kreuzkümmel***
Kreuzkümmel – auch Jeera – ist ein wunderschön warmes Gewürz. Es möbelt Gerichte aller Art auf und hüllt die Küche in einen köstlichen Duft. Es ist praktisch, sowohl die gemahlenen als auch die ganzen Körner zur Hand zu haben.

(I) ***Kurkuma***
Kurkuma gehört zur Familie der Ingwergewächse. Getrocknet und gemahlen wird Kurkuma verbreitet als Gewürz und wegen der wunderschönen Farbe verwendet. Kommt in der tibetischen Küche viel zum Einsatz.

Lorbeerblätter
Dieses feine, aromatische Blatt spielt hinter anderen, mehr im Vordergrund stehenden Aromen oft die zweite Geige, doch wie eine Prise schwarzer Pfeffer spielt es seine ganz bestimmte Rolle. Anders als viele andere Kräuter und Gewürze bewahren Lorbeerblätter getrocknet einen guten Geschmack und halten sich in dieser Form gut ein paar Monate.

Ⓘ ***Madras-Currypulver***
Auch unter Kashmiri Bassar bekannt. Viele Zutaten sind dieselben wie im Standardcurrypulver, es ist aber durch zusätzlichen Cayennepfeffer würziger, schärfer und duftet stärker.

Ⓒ ***Mungbohnenstärke***
Diese glutenfreie Stärke wird zur Herstellung von Glasnudeln oder weißen *Laphing* verwendet, dem Streetfood-Snack aus kalten Nudeln, der in Tibet im Sommer so beliebt ist. Kann durch Kartoffelstärke oder Maismehl (Maisstärke) ersetzt werden, falls Sie keine Mungbohnenstärke finden.

Ⓘ ***Mung Dal***
Es herrscht viel Verwirrung über Linsen, Bohnen und Dals – Hülsenfrüchte, in anderen Worten. Hülsenfrüchte gibt es ganz zu kaufen, gespalten mit Schale oder gespalten ohne Schale. Gespaltene Hülsenfrüchte werden auch Dal genannt. Mung Dal sind gespaltene Mungbohnen; sie sind gelb. Achten Sie darauf, dass Sie nicht versehentlich ganze Mungbohnen kaufen – sie haben eine grüne Schale und müssen viel länger kochen.

Olivenöl
Helles Olivenöl ist für die tibetische Küche im Allgemeinen am besten, denn es hält sich länger und der Rauchpunkt ist höher als bei anderen Olivenölsorten. Sehr helles Olivenöl ist geschmacklich dezenter.

Ⓒ ***Pak Choi***
Auch Pak Choy oder Pok Choi. Er ist in gut sortierten Bio- und Supermärkten erhältlich. Wir verarbeiten ihn zumeist in Wok-Gerichten oder Suppen. Es gibt viele verschiedene Sorten, und alle eignen sich gut.

Rote Zwiebeln
Wachsen in Yeshis Dorf, und er nimmt sie lieber als die weißen, denn die findet er zu süß. Bei roten Zwiebeln sind Schale und Fleisch dicker als bei weißen, dadurch sind sie fleischiger und für Soßen, Currypasten und Suppen die bessere Wahl.

Eine Anmerkung zu Salz
Lieber als das raffinierte Salz mit seinen Zusatzstoffen gegen das Verklumpen verwenden wir Steinsalz aus den Salzpfannen unweit von Yeshis Dorf in Tibet. Meersalz ist normalerweise gröber und kann im Mund ein anderes Gefühl erzeugen, je nachdem, wann es zu einem Gericht dazugegeben wird. Rosafarbenes Himalaya-Salz mag visuell reizvoll sein, man muss aber nicht losrennen und es kaufen – es sei denn, es spricht Sie an. Bedenken Sie, dass der größte Teil aus Pakistan kommt und nicht aus Tibet. Und da Tafelsalz generell viel salziger ist als unraffiniertes Salz, müssen Sie die angegebenen Mengen verringern, falls Sie mit Tafelsalz kochen.

Ⓒ ***Schwarzer Chinkiang-Essig***
Auch bekannt als schwarzer Zhenjiang-Essig. Er besitzt ein herrlich komplexes, rauchiges Aroma – milder und weniger säuerlich als manch andere Essige – und eine feine Süße. Die natürliche schwarze Farbe kommt von gebrannten Reiskörnern. Schwarzer Essig kommt in der tibetischen Küche viel zum Einsatz und schmeckt in Nudelgerichten und Suppen ganz besonders gut.

Ⓒ ***Sesamöl***
Dies ist ein sehr angenehmes, verführerisch aromatisches Öl, und wir träufeln gegen Ende des Kochprozesses gern etwas davon ins Gericht oder geben es am Tisch nach Geschmack hinzu. Wir verwenden Lee Kum Kee Reines Sesamöl; generell ist aber jedes reine Sesamöl besser als eine gemischte Alternative.

Ⓘ ***Senfkohl***
Die Blätter der Senfpflanze. Wählen Sie möglichst üppig-grüne Bunde ohne gelbliche oder braune Stellen aus. Senfkohl schmeckt roh scharf und pfeffrig und gekocht ein wenig wie Spinat, jedoch mit mehr Körper. Wenn kein Senfkohl zu bekommen ist, kann man Grünkohl oder ein anderes herzhaftes, bitteres Blattgemüse verwenden.

Ⓒ ***Helle Sojasoße***
Dieses feine Sojaprodukt verwenden wir sehr häufig. Es ist vielseitig und verleiht Wok-Gerichten ein salziges, herzhaftes Aroma. Man gibt es zumeist gegen Ende des Kochprozesses oder am Tisch in Dips hinzu. Wir verwenden Lee Kum Kee Premium Sojasoße hell, aber die Marke Pearl River Bridge ist auch gut.

Ⓒ ***Dunkle Sojasoße***
Viel dicker und dunkler als helle Sojasoße und süßer im Geschmack. Lassen Sie sich nicht verleiten, sie anstelle von heller Sojasoße zu verwenden. Anders herum kann man jedoch die helle statt der dunklen nehmen, man erzielt jedoch nicht denselben vollmundigen Geschmack.

Ⓒ ***Sojastücke (oder Sojawürfel)***
Sojawürfel bestehen aus dehydrierten Sojabohnen und entstehen als Nebenprodukt bei der Extraktion von Sojabohnenöl. Sie haben eine raue Textur, werden aber durch Einweichen weich und schwammartig. Sie nehmen die Flüssigkeit anderer Zutaten auf, mit denen man sie kocht, und dadurch sind sie ausgesprochen vielseitig und ein glänzender Fleischersatz.

Ⓒ ***Szechuanpfefferkörner***
Die Szechuanesen beanspruchen diese rostroten Beeren der stachligen Eschenart für sich, aber einige der besten *Yerma*, wie sie in Tibet heißen, wachsen in der Autonomen Region Tibet. Studien zufolge verursachen verschiedene Amide – im Englischen als Sanshool bezeichnet, ein aktiver Inhaltsstoff – eine Schwingung der Lippen, für die eine Frequenz von 50 Hertz gemessen wurde. Die Substanz besitzt einen

einzigartigen, wie betäubenden und prickelnden Geschmack und einen reinen, blumigen Duft. *Yerma* wird in der tibetischen Küche sehr viel verwendet, vor allem in Suppen und Eintöpfen. Die meisten Rezepte in diesem Buch verlangen zerstoßene Körner. Man kann in Asialäden zwar Szechuanpfeffer in Pulverform kaufen, dessen Geschmack kann aber sehr gelitten haben, und man kauft daher besser ganze Körner und mahlt oder zerstößt sie selbst: am besten mit Mörser und Stößel, aber nicht zu viel auf einmal, denn in gemahlenem Zustand werden Aroma und Prickeln auf der Zunge mit der Zeit schwächer. Frisch gemahlene *Yerma* können Sie in einem luftdichten Behälter bis zu 2 Wochen aufbewahren, aber je frischer, desto besser.

Ⓒ ***Szechuanpfefferöl***
Auch als prickelndes Öl bekannt; kann als Ersatz für Szechuanpfefferkörner verwendet werden, vor allem, um Nudel- oder Wok-Gerichte am Schluss abzurunden.

Spitzkohl
Dieser spitz zulaufende, grüne Kohl wird auch Spitzkraut genannt. Er ist zarter als andere Kohlsorten und muss folglich nicht so lange kochen. Spitzkohl schmeckt herrlich in Wok-Gerichten, und wir verarbeiten ihn wegen der Süße und des knackigen Bisses in unseren veganen Momos. Man bekommt ihn gut in Supermärkten und auf Bauern- oder Wochenmärkten, aber falls Sie keinen finden, nehmen Sie gern einen anderen grünen Kohl.

Ⓒ ***Tofu***
Auch Bohnenquark genannt. Tofu ist ein veganes Nahrungsmittel, das aus Sojabohnen gewonnen wird. In der tibetischen Küche wird hauptsächlich fester Tofu verwendet, also Tofu, aus dem das meiste Wasser herausgepresst wurde. Die Textur ähnelt der von Mozzarella. Tofu kann man frittieren oder braten und in Suppen geben.

Ⓒ ***Wolkenohrpilz***
Auch als Judasohr bekannt. Die diversen Beschreibungen sind ein Verweis auf seine Form. Yeshi meint, die besten seien an Eichen zu finden, sie wachsen jedoch auf feuchtem Holz aller Art. Sie werden zumeist abgepackt und getrocknet verkauft und müssen vor der Verwendung mindestens ½ Stunde in heißem Wasser einweichen.

Ⓒ *Yerma*
Siehe Szechuanpfefferkörner.

Ⓘ ***Zimt***
Zimt wird aus der inneren Borke eines tropischen immergrünen Baums gewonnen und hat eine süße, holzige Note. Wir verwenden Zimt manchmal in unserem Chai, und auch in Desserts ist er köstlich.

Hinweise zur Aussprache

Es ist wirklich schwer, den Klang der gesprochenen tibetischen Sprache schriftlich wiederzugeben. Es gibt zwar ein System zur Transkription des tibetischen Alphabets, es hat aber nicht den Zweck, bei der Aussprache zu helfen, und wird außerhalb des akademischen Kontexts selten verwendet.

Was man hingegen findet, ist ein sehr flexibler Ansatz, die tibetische Sprache mit lateinischen Buchstaben zu erfassen; die Sprache variiert allerdings vom einen Ende Tibets zum anderen ganz erheblich, und das spiegelt die vielen verschiedenen gesprochenen Dialekte wider.

Mir wurde das erst so richtig klar, als unser Sohn Lobsang geboren wurde und wir ihn anmelden mussten. Yeshi sagte mir, er sei unsicher, wie man den tibetischen Namens des Babys im Englischen schreibe. Ich war damals Lektorin für Wörterbücher – es folgte eine ausgiebige Recherche.

Neben dem Problem der regionalen Unterschiede entdeckte ich, dass viele tibetische Klänge einfach keine Entsprechung in irgendeiner westlichen Sprache haben. Ein häufiger Klang im Tibetischen zum Beispiel bewegt sich in der Mitte zwischen der Aussprache von »k« und »g«. Gleichermaßen gibt es keine Möglichkeit, den Klang, der zwischen »d« und »t« und zwischen »p« und »b« liegt, zu übertragen. Die Kinder schreiben also »Bala« für Papa, in vielen ihrer tibetischen Kinderbücher liest es sich aber als »Pala«.

Was hier folgt, ist ein Ausdruck dessen, wie Tibetisch bei Yeshi zu Hause gesprochen wird. Behalten Sie im Hinterkopf, dass Yeshi in einer sehr ländlichen Gegend in Osttibet aufwuchs, in einiger Entfernung zur Hauptstadt Lhasa, daher hat diese Übertragung sicherlich ihre Eigenwilligkeiten. Da jedoch die meisten Rezepte, für die wir tibetische Namen angegeben haben, regionale Spezialitäten sind oder auf die bestimmte Art und Weise dieser Region zubereitet werden, dürfte es nicht so viele Diskussionen darüber geben, wie man sie ausspricht.

Eines noch: Wir haben lediglich die Klänge besprochen, die einer näheren Erläuterung bedürfen. Viel Glück oder *Tashi delek* (Aussprache: »Taschi deley«)!

a wird gesprochen wie das »a« in »Hand«.
e wird gesprochen wie das »e« in »Heft«; steht es am Wortende, wird es ausgesprochen wie das »ey« in »hey, wie geht's«.
i wird gesprochen wie etwas zwischen unserem langen und dem kurzen »i«.
o wird gesprochen wie »ou« im Englischen »low«, es sei denn, es steht vor »d«, »n«, »l« oder »s«, dann wird es »ö« ausgesprochen.
u wird wie unser langes »u« gesprochen, es sei denn, es steht vor »d«, »n«, »l« oder »s«, dann wird es »ü« ausgesprochen.
ny wird »nj« gesprochen wie im Spanischen das »ñ« in »Señora«.
g wird gesprochen wie unser »g«, außer am Wortende – dann ist es fast stumm, zum Beispiel im Wort »Yag« (das bedeutet Yak: das »g« wird nicht gesprochen) oder »chig« (das bedeutet die Zahl eins: das »g« wird hier im Grunde auch verschluckt).
r wird gerollt (aber nicht so übermäßig wie das italienische »r«), außer am Wortende – dann klingt es leicht gegurgelt wie ein amerikanisches »r« am Wortende.
ng steht am Ende eines Wortes und ist fast stumm.
b wird gesprochen wie etwas zwischen »b« und »p«, es sei denn, es steht mitten im Wort, dann ist es fast stumm, beispielsweise im Namen unseres Sohnes Lobsang (die Aussprache kommt »Lo-san« näher).
k steht am Wortende und ist fast stumm
h nach Konsonanten (außer nach »c«) ist ein aspirierter (»behauchter«) Konsonant, also:
- »ph« wird nicht wie das »ph« in »Physik« gesprochen, sondern als aspiriertes »p«.
- »th« wird nicht wie das englische »th« in »the« gesprochen, sondern als aspiriertes »t«.
- »dhr« sollte wie das »dr« in dem englischen Wort für Schlagzeug gesprochen werden: »drum«.

Die Betonung liegt im Allgemeinen auf der letzten Silbe des Wortes, aber natürlich gibt es Ausnahmen. Ein wichtiges Beispiel ist »Mómo« (Großmutter), die vermutlich einen anderen – nicht weniger besonderen – Platz in Ihrem Herzen einnimmt als das »Momó«, die Teigtasche.

Danksagung

Als Yeshi und ich den Essensstand Taste Tibet gründeten, besaß Yeshi noch keinen Führerschein für Großbritannien, und zu den Märkten und Festivals und zurück zu gelangen war, wie man sich denken kann, eine Herausforderung. Stattdessen kamen an jedem Donnerstagabend neugierige Fremde zu unserem Haus und holten Essen ab, und die Showeinlage am Rande war unsere Tochter, die im Flur auf ihrem Windelpo herbeirutschte, um sie zu begrüßen. Wir haben wöchentlich einen Newsletter und eine Speisekarte verschickt, und einige unserer frühesten Unterstützerinnen ermutigten uns, die Geschichten über Tibet, die wir in unseren E-Mails erzählten, auszuarbeiten. Wir danken ganz besonders Larissa Wakefield, Julie Norris und Caroline Krantz – sie haben uns als Erste die Idee in den Kopf gesetzt, ein Buch daraus zu machen: Ihr habt uns das Zutrauen gegeben, uns sowohl als Autoren als auch als Momohersteller zu sehen.

2019 gewann ich den Yan-Kit So Memorial Award for Food Writers on Asia, einen Preis im Gedenken an die aus Hongkong stammende Köchin, Kochbuchautorin und Förderin der asiatischen Küche Yan-Kit So für Autorinnen und Autoren, die über asiatisches Essen schreiben, vergeben vom Oxford Cultural Collective. Das veränderte mein Leben, und ich bin dem Team der hoch angesehenen Juroren David Thompson, Fuchsia Dunlop, Carol Michaelson, Paul Bloomfield und Donald Sloan, die mich gefördert haben, sehr dankbar. Ein riesengroßer Dank auch an Freya Aitken-Turff und Betty Yao, die für die Organisation rund um den Preis zuständig waren. Als direkte Folge dieses unglaublichen Gewinns lernten wir unsere Agentin Heather Holden-Brown kennen. Danke, Heather, dass du auf uns gesetzt und uns bei

Murdoch Books vorgestellt hast – die Zusammenarbeit mit diesem Verlagshaus war fantastisch. Unsere Verlegerin Corinne Roberts verstand instinktiv, was für ein Buch wir machen wollten, und die Sichtweise des Designteams von Kristy Allen und Vivien Valk harmonierte auf unangestrengte Weise damit. Justin Wolfers und Alison Cowan gaben mit großem Einfühlungsvermögen unschätzbaren redaktionellen Input. Danke, Murdoch Books, dass Sie unsere Geschichte haben lebendig werden lassen. Wir haben jede Minute der Zusammenarbeit mit Ihnen genossen.

Die Fotografie hat auch eine ganz wesentliche Rolle gespielt. Keiko Wong machte die sehr besonderen Aufnahmen von unserer Familie in Tibet, die das Buch wirklich ausmachen. Danke, Keiko, und danke an alle Freunde und Verwandte in Yeshis Dorf, die Keiko aufnahmen und während ihres Aufenthalts umherkutschierten. Ola Smit und Anna Wilkins schossen die Food-Aufnahmen zufällig in derselben Woche, und es war eine Freude und sehr berührend, in Echtzeit zusehen zu können, wie die wunderschönen Bilder für das Buch zusammenkamen. Danke Ola und Anna für eure großartigen Werke.

Deborah Duke war die leitende Rezepttesterin. Ihre Begeisterung für Yeshis Nomadenkost kannte keine Grenzen, und wir sind zutiefst dankbar. Wir danken auch allen anderen, die diesem wichtigen Teil des Prozesses ebenfalls ihre Zeit und ihre Energie geschenkt haben: Anne Cori, Lydia Hodgins, Fflur Jones, Anna Nicholl, Russell Hitchings, Stefan Ramsden, Chloe Maunsell, Isabel Paz, Poppy Toland, Bridget Rooth, Jenny Kleeman, Nicole Kleeman, Susanna Kleeman, Lara Scott Bosley und Jo Stockdale. All diese Freundinnen, Freunde und Familienmitglieder waren im Laufe der Jahre in vielen anderen Dingen eine riesengroße Stütze. Danke.

Wir danken auch dem Taste Tibet-Team: der wunderbaren Amanda Knight, die wirklich das Gesicht von Taste Tibet ist und das Foto von uns für dieses Buch gemacht hat, Livio Dos Santos, dem Meister der Momos, und allen Tibeterinnen und Tibetern und anderen Menschen in Oxford, die im Laufe der Jahre ausgeholfen haben.

Tim und Susanna – was wäre Taste Tibet ohne eure Anleitung, Unterstützung und euren Input? Alicia Constable – danke, dass du vor allen anderen an uns geglaubt hast und ganz vielen Dank für deine Freundschaft. Danke auch an Nyima Tsering, dass er Yeshi davon überzeugt hat, in Indien zu bleiben, wo wir einander trafen, und dass er ihn in die Küche geschickt hat. Und ich danke meinen Eltern David und Manou, die mir von einem sehr jungen Alter an die Möglichkeit und die Freiheit gaben, die Welt zu bereisen. Es hat die Art und Weise verändert, wie ich alle Dinge betrachte, und öffnete mir alle Türen. Es hat auch meine Art zu essen verändert.

Und zum Schluss danken wir unseren Kindern Leo (Lobsang) und Uma (Choenyi), die sich seit dem Alter von null Jahren hinter dem Essensstand beschäftigten und die irgendwie verstanden haben, wie kolossal wichtig dieses Buch für uns ist, und uns alle Zeit gaben, die wir für die Arbeit daran brauchten, sogar, als die Schulen wegen Covid geschlossen waren. Ihr seid wunderbar. Möge dieses Buch euch inspirieren, Palas Essen auch für eure Kinder zu kochen. Deswegen tun wir, was wir tun.

Register

延年

Bibliografische Information der Deutschen Nationalbibliothek
Die Deutsche Nationalbibliothek verzeichnet diese Publikation in der Deutschen Nationalbibliografie.
Detaillierte bibliografische Daten sind im Internet über http://d-nb.de abrufbar.

Für Fragen und Anregungen
info@rivaverlag.de

Wichtiger Hinweis
Ausschließlich zum Zweck der besseren Lesbarkeit wurde auf eine genderspezifische Schreibweise sowie eine Mehrfachbezeichnung verzichtet. Alle personenbezogenen Bezeichnungen sind somit geschlechtsneutral zu verstehen.

1. Auflage 2022

Türkenstraße 89
80799 München
Tel.: 089 651285-0
Fax: 089 652096

Die englische Originalausgabe erschien 2022 bei Murdoch Books, an imprint of Allen & Unwin, unter dem Titel *Taste Tibet*.

Übersetzung: Martina Fischer
Redaktion: Stephanie Kaiser-Dauer
Umschlaggestaltung: Isabella Dorsch, in Anlehnung an das Originalcover
Umschlagabbildung und Abbildungen Innenteil: Ola O. Smit (Foodfotografie),
Keiko Wong (Reisefotografie)
Layout: Murdoch Books 2022
Satz: feschart print- und webdesign, Michaela Röhler, Leopoldshöhe

Text: Julie Kleeman & Yeshi Jampa 2022
Fotografie Ola O. Smit
außer
Keiko Wong: 2, 3, 6, 8, 9, 10, 12, 14, 15, 17, 18, 19, 21, 22, 24, 25, 26, 28, 29, 93, 135, 157, 166, 183, 222, 226, 248, 255
Julie Kleeman: 4, 13, 67, 76, 173
Amanda Knight: 7
James Lai: 30
Andrew Murray: 31
Yeshi Jampa: 48

Druck: Firmengruppe APPL, aprinta Druck, Wemding
Printed in Germany

ISBN Print 978-3-7423-2057-5
ISBN E-Book (PDF) 978-3-7453-1820-3
ISBN E-Book (EPUB, Mobi) 978-3-7453-1821-0